HISTÓRIAS MULTIDIMENSIONAIS DE ANIMAIS DE ESTIMAÇÃO

BASEADAS EM FATOS REAIS

Editora Appris Ltda.
1.ª Edição - Copyright© 2023 da autora
Direitos de Edição Reservados à Editora Appris Ltda.

Nenhuma parte desta obra poderá ser utilizada indevidamente, sem estar de acordo com a Lei nº 9.610/98. Se incorreções forem encontradas, serão de exclusiva responsabilidade de seus organizadores. Foi realizado o Depósito Legal na Fundação Biblioteca Nacional, de acordo com as Leis nos 10.994, de 14/12/2004, e 12.192, de 14/01/2010.

Catalogação na Fonte
Elaborado por: Josefina A. S. Guedes
Bibliotecária CRB 9/870

M631h 2023	Mielke, Mônica Histórias multidimensionais de animais de estimação / Mônica Mielke. – 1. ed. – Curitiba : Appris, 2023. 241 p. ; 23 cm. ISBN 978-65-250-4892-5 1. Animais. 2. Espiritualidade. 3. Alma. I. Título. CDD – 590

Appris editora

Editora e Livraria Appris Ltda.
Av. Manoel Ribas, 2265 – Mercês
Curitiba/PR – CEP: 80810-002
Tel. (41) 3156 - 4731
www.editoraappris.com.br

Printed in Brazil
Impresso no Brasil

Mônica Mielke

HISTÓRIAS MULTIDIMENSIONAIS DE ANIMAIS DE ESTIMAÇÃO

BASEADAS EM FATOS REAIS

FICHA TÉCNICA

EDITORIAL	Augusto V. de A. Coelho
	Sara C. de Andrade Coelho
COMITÊ EDITORIAL	Marli Caetano
	Andréa Barbosa Gouveia - UFPR
	Edmeire C. Pereira - UFPR
	Iraneide da Silva - UFC
	Jacques de Lima Ferreira - UP
SUPERVISOR DA PRODUÇÃO	Renata Cristina Lopes Miccelli
PRODUÇÃO EDITORIAL	Daniela Nazario
REVISÃO	Andrea Bassoto Gatto
DIAGRAMAÇÃO	Bruno Ferreira Nascimento
CAPA	João Vitor Oliveira dos Anjos

A todos os animais, de todas as espécies, nascidos no passado, no presente e no futuro deste planeta, em todas as dimensões, agradecendo por seu imensurável amor incondicional por toda a humanidade.

À Malu (in memoriam), cachorrinha do meu amado filho, Dylan, com gratidão por ter me conduzido ao despertar da consciência em relação aos animais e a mim mesma.

À Pitoca (in memoriam), com gratidão pelo imensurável bem que fez a todos com suas sapequices caninas e por ter sido guardiã da minha energia e da minha espiritualidade.

AGRADECIMENTOS

À minha mãe, Elke Ebert, e ao meu pai, Walter Mielke, por terem me dado a vida, pois era tudo o que eu precisava para estar aqui, cumprindo os propósitos da minha alma.

Ao meu filho, Dylan Mielke Timm, pela honra de ser sua mãe nesta encarnação.

À Vanessa Guimarães Machado, pelo imenso entusiasmo, pelo carinho e apoio na criação desta obra.

Às tutoras dos animais cujos atendimentos meu coração ficou emocionado em contar aqui.

A todas as pessoas que atuaram com maestria em minha vida, de forma consciente ou inconsciente, agradável ou não, mostrando, pelas nossas interações, tudo o que eu precisava ressignificar ou potencializar em mim.

A sua missão com os animais ultrapassa esta dimensão e chega a lugares aos quais você talvez nunca venha a ter consciência nesta encarnação.

(Mensagens dos anjos, canalizada para a autora, em 2020)

PREFÁCIO

"A menina e seus animais", é assim que chamo carinhosamente a personagem principal desta esplêndida, encantadora e real história, repleta de doçura, fofura, carinho genuíno, tristezas profundas e do mais puro e verdadeiro amor.

Esta deliciosa narrativa conta a história de Dominique, desde sua infância até o momento presente, quando adulta, segura, mais humana do que nunca e atualmente trabalhando como terapeuta de animais. Conta também, de forma deliciosa, com todos os detalhes, os encontros, os reencontros, as desventuras, as emoções e o amor com cada um dos animais que já passou por sua vida e com aqueles que a acompanham até hoje. É simplesmente maravilhoso e incrível conhecer parte de sua vida por meio da conexão peculiar com cada um dos seus animais e, mais surpreendente do que isso, saber como a vida conduziu-a a trabalhar com essa paixão pelos animais.

Durante toda a história, a autora nos proporciona batimentos emocionantes ao coração. Deliciosamente viciante de ler, o livro também conta a história de uma grande mulher, com suas dores e amores, traumas, raivas, momentos de paixão e de muitas alegrias.

Este é um livro dinâmico, muito emocionante mesmo, e cada capítulo prende a nossa atenção e nos faz mergulhar em cada detalhe dele. Por isso afirmo que, após esta leitura, sua consciência jamais será a mesma em relação aos animais e aos seres que eles são.

Cada um dos atendimentos feitos pela autora e terapeuta holística Mônica Mielke (personagem Dominique), já como profissional atuando com os animais, fará seu coração disparar, bater de felicidade e de múltiplas emoções, e também fará sua alma pulsar de gratidão e de alegria por conhecer um universo mágico, porém real, sobre os animais, a espiritualidade, os processos de tratamento, as comunicações com eles, as curas e a realização em ver um trabalho simplesmente fantástico, um exemplo lindo para expandir a visão, a compreensão e, cada vez mais, o amor pelos animais.

Todos os atendimentos que você acompanhará neste livro são lindos processos de cura que envolvem não só o físico dos animais, mas também seus corpos mentais, emocionais e espirituais. São processos de cura para a alma e que alcançam também os lares, os tutores e todas as conexões energéticas que se entrelaçam com o ser em tratamento, com sua consciência por completo, vidas presente e passada, sua família espiritual e os seres de muita luz que os acompanham.

Tenho a honra em dizer que pude, por anos, acompanhar bem de perto o trabalho da querida e competente profissional terapeuta, Mônica Mielke. Pude ver lindos processos de cura, profundas transformações e indescritíveis descobertas por meio do seu trabalho com a comunicação telepática com animais, assim como com todos os atendimentos energéticos proporcionados aos animais e aos tutores. É com profunda gratidão que hoje, além de conhecer seu trabalho, posso ver parte dele neste livro, chegando a muitos lares e levando lindas descobertas, consciência e informações preciosas aos leitores. Tenho certeza e afirmo que você irá se apaixonar pela grandiosidade e pela nobreza do trabalho dessa profissional terapeuta animal.

Este é um livro pelo qual você, com certeza, encantar-se-á a cada parágrafo lido. Uma obra que você guardará para reler sempre, pois tocará o seu coração, surpreendendo você com seu grande poder de transformação. Na realidade, você não está adquirindo um livro ou lendo uma história, você está ganhando um presente do Universo. Eu, como amiga, orientadora, mentora e profissional da mesma área, recomendo-o com a alma, para que você conheça não só o livro, mas a autora e seu riquíssimo trabalho com os animais.

Apaixonada por todo esse encanto, desejo uma excelente leitura nessa aventura e que você possa abrir-se para receber um mundo novo em sua vida, pois é isso que este presente lhe trará.

Com amor,

Kamilla Ahau

Terapeuta holística especialista em animais, pioneira em múltiplas técnicas energéticas no Brasil, fundadora da Pets Terapia, eleita em 2022 entre os 17 maiores terapeutas do século XXI no Brasil, iniciada pela Escola Iniciática Estelar, membro do Comando Estelar Brasil e pós-graduada em Comunicação na Universidade Anhembi-Morumbi/SP.

APRESENTAÇÃO

Os acontecimentos citados neste livro são baseados em fatos reais.

Dividido em duas partes, a primeira conta como os animais de estimação auxiliaram profundamente a vida da personagem Dominique em seus processos de cura interior, mesmo quando alguns deles já estava do outro lado da vida.

A narrativa segue o tempo psicológico, ora marcada por lembranças, ora seguindo o fluxo dos pensamentos. O passado, o presente e o futuro podem estar num único capítulo, mas você entendê-los-á perfeitamente. Conflitos pessoais e familiares, muitas emoções, reflexões e verdades estão presentes em todo o livro.

A segunda parte relata atendimentos de comunicações telepáticas com animais e de tratamentos energético-espirituais de animais e de seus tutores de estimação, todos realizados à distância pela terapeuta holística Mônica Mielke, autora desta obra.

Você nunca mais verá os animais da mesma forma depois de ler este livro.

Aos incrédulos, peço que não julguem e que não rotulem nada, apenas deixem tudo se acomodar em suas mentes. Um dia, a vida mostrará as verdades que precisam saber.

SUMÁRIO

PARTE 1
OS ANIMAIS DA MINHA VIDA

CAPÍTULO 1
INFÂNCIA 23

CAPÍTULO 2
ANOS DE RAIVA 27

CAPÍTULO 3
O SUMIÇO DA MALU 29

CAPÍTULO 4
A DOENÇA DA MALU 31

CAPÍTULO 5
A MALU NÃO A SALVOU 34

CAPÍTULO 6
A PRAIA 37

CAPÍTULO 7
KIARA 40

CAPÍTULO 8
A PANDEMIA 42

CAPÍTULO 9
A MÃE DA CARAMELO 46

CAPÍTULO 10
A PITOCA E O VIZINHO 48

CAPÍTULO 11
A VOLTA DO LUTO 51

CAPÍTULO 12
MENSAGEM DOS ANJOS 53

CAPÍTULO 13
O GENITOR 55

CAPÍTULO 14
DOMINIQUE E AMORA 57

CAPÍTULO 15
A GENITORA 60

CAPÍTULO 16
AS PULGAS MAIS DIFÍCEIS DA HISTÓRIA 62

CAPÍTULO 17
O SUMIÇO DA ÁGATHA 65

CAPÍTULO 18
MAIS UM CÃO 68

CAPÍTULO 19
A ARCTURIANA 70

CAPÍTULO 20
A CONSTELAÇÃO 73

CAPÍTULO 21
A MESA RADIÔNICA 76

CAPÍTULO 22
SÃO FRANCISCO 79

CAPÍTULO 23
MAIS TERAPIAS 82

CAPÍTULO 24
O DIA 24 NO DIA 23 84

CAPÍTULO 25
O GATINHO BEBÊ NA GARAGEM 86

CAPÍTULO 26
O DIA DAS BRUXAS 89

CAPÍTULO 27
O QUINTO DIA 91

CAPÍTULO 28
MAIS CRISES 94

CAPÍTULO 29
ALFREDINHO 97

CAPÍTULO 30
O MOTIVO DAS ENCRENCAS 100

CAPÍTULO 31
FLOCK 102

CAPÍTULO 32
ENTRE COBRAS E LAGARTOS 105

CAPÍTULO 33
ASSOMBRAÇÕES 108

CAPÍTULO 34
NÃO PRECISAMOS FALAR PARA DIZER 112

CAPÍTULO 35
AS CONTENÇÕES 114

CAPÍTULO 36
A ÁRVORE DOS EXCLUÍDOS 117

CAPÍTULO 37
FLOCK ERA PIETRO 120

CAPÍTULO 38
A VIDA E A LIBERDADE SÃO PARA ALGUNS 123

CAPÍTULO 39
EUTANÁSIA 127

CAPÍTULO 40
OS ANIMAIS E O CARMA 129

CAPÍTULO 41
A CENTÉSIMA QUADRAGÉSIMA QUARTA PARTE 132

CAPÍTULO 42
O AGLOMERADO 135

PARTE 2
RELATOS DE ATENDIMENTOS FEITOS PELA TERAPEUTA HOLÍSTICA MÔNICA MIELKE, AUTORA DESTA OBRA

CAPÍTULO 1
SÉRIE DE ATENDIMENTOS AO CACHORRINHO POOCKY WILLIAM ... 141

CAPÍTULO 2
SÉRIE DE ATENDIMENTOS AOS FELINOS DA MESMA FAMÍLIA – FLORAH E JHOW 157

CAPÍTULO 3
SÉRIE DE ATENDIMENTOS AOS CÃES DA MESMA FAMÍLIA – BIBI, CACAU E DUDA 168

CAPÍTULO 4
SÉRIE DE ATENDIMENTOS À FAMÍLIA APÓS A EUTANÁSIA DA CACHORRINHA NINA 172

CAPÍTULO 5
COMUNICAÇÃO PÓS-EUTANÁSIA COM A CACHORRINHA MEL 177

CAPÍTULO 6
COMUNICAÇÃO COM O GATO FALECIDO HÁ TRINTA ANOS 179

CAPÍTULO 7
COMUNICAÇÃO TELEPÁTICA COM O CÃOZINHO DESENCARNADO FREDDY 182

CAPÍTULO 8
COMUNICAÇÃO TELEPÁTICA E TRATAMENTO DA CANINA AMORA LINDA 185

CAPÍTULO 9
SÉRIE DE ATENDIMENTOS A CÃES E GATOS DA MESMA FAMÍLIA 190

CAPÍTULO 10
SÉRIE DE ATENDIMENTOS A UMA COELHINHA 201

CAPÍTULO 11
SÉRIE DE ATENDIMENTOS AOS FELINOS DA MESMA FAMÍLIA – LÉO E NINA 205

CAPÍTULO 12
TRATAMENTO ENERGÉTICO PRÉ-EUTANÁSIA DA CANINA ISIS . 214

CAPÍTULO 13
TRATAMENTO ENERGÉTICO DE GATINHOS COM ESPOROTRICOSE 217

CAPÍTULO 14
COMUNICAÇÃO TELEPÁTICA COM UM GATO DESAPARECIDO .. 223

CAPÍTULO 15
SÉRIE DE COMUNICAÇÕES COM OUTROS REINOS DA NATUREZA. 226

Parte 1

OS ANIMAIS DA MINHA VIDA

Capítulo 1

INFÂNCIA

Até os 10 anos de idade, Dominique morou no campo. Andava muito descalça (por opção), tomava banho de chuva e de açude. Vivia com os dedões dos pés machucados de tanto tropeçar nas pedras. Brincava de casinha nas árvores e no mato de eucalipto.

Buscava as vacas leiteiras no fundo do campo ouvindo um radinho à pilha, colado no ouvido, cantando e pisando, distraidamente, em algumas cobrinhas verdes pelo caminho.

Ganhou uma cordeirinha de seu avô materno. Dava leite a ela numa garrafinha de refrigerante com bico de mamadeira. Quando a ovelha cresceu, Dominique montava-a como se fosse seu cavalo. Apesar de ser uma criança magra, uma ovelha não foi feita para ser montada, mas a menina não tinha muita noção do que fazia. Quando sua ovelha teve cordeirinhos gêmeos, permitia somente a presença de Dominique perto deles.

A família tinha um cavalo tordilho que Dominique chamava de branco. Num verdadeiro instinto de caça, encurralava-o num canto do campo e empurrava-o contra a cerca, pois precisava subir em algo para conseguir montá-lo. Colocava as rédeas e nada mais. Saía a galope em seu cavalo branco, ora por cima dele, ora escorregando por sua barriga, mas sem nunca cair.

Muitos animais fizeram parte de sua infância. A bovina Carmelita era a dela. Tinha uma outra, que chamava de "a vaca branca" e que parecia detestar a irmã de Dominique, três anos mais nova, pois sempre dava uns corridões nela. A menina gostava de acariciar as galinhas, pois suas penas eram sedosas. Os gansos, coitados, sempre eram colocados para correr só para ouvir a barulheira que eles faziam.

Há muita honra a todos os animais de sua infância (e muita saudade também), até mesmo do galo que a bicou no braço enquanto fazia cocô no mato porque tinha medo de sentar na privada rural (banheiro externo de madeira). Esse galo danado deixou uma cicatriz em seu braço.

Certa vez, ao usar a privada rural, levou consigo sua caturrita. A ave caiu dentro do buraco da privada, naquele monte de cocô borbulhante, cheio de vermes. Sobrou para a mãe de Dominique resgatar a avezinha e lavá-la.

Caturritas, aliás, sempre fizeram parte de sua vida. Na natureza, muitas eram mortas a tiros, pois acabavam com as plantações, então, derrubar um ninho da árvore para pegar os filhotes e tê-los como animais de estimação não parecia ser um crime.

A maioria das caturritas sempre morreu de forma trágica. A primeira dessas lembranças vem de quando ela colocou a avezinha dentro de um carrinho puxado por corda e foi até a casa de sua avó paterna. Um gato roubou-a e quando conseguiram pegá-la de volta ele já tinha comido partes dela. Sua avó, nada sensível com a criança, mostrou a caturrita naquele estado. Ela fez de conta que não se importou, engoliu o choro, mas doeu.

A última caturrita, Dominique teve aos 30 anos de idade e chamava-se Cocota. Nessa época, já acumulava as experiências do casamento e da maternidade. Seu filho, Pietro, contava, então, com 8 anos de idade. A caturrita recebia a bicadas qualquer pessoa que tentasse chegar perto de Dominique, inclusive Pietro. A ave verdinha era danada também por outras coisas. Escalava o corpo de Dominique pela roupa, do chão até a mesa. Roubava a fatia inteira de presunto de dentro do sanduíche alheio, tomava o refrigerante direto do copo e entrava no prato do almoço sem a menor cerimônia.

Certa vez, a Malu, cachorrinha de Pietro, mordeu a ave no bico quando ela tentou roubar sua comida. Viveu assim, com a parte inferior do bico rachada. Um dia, à noite, Dominique estava fazendo um curso presencial na cidade vizinha. No meio da aula, seu companheiro ligou para avisar que a caturrita havia morrido. Ela saiu da aula e nunca mais conseguiu voltar, pois, inconscientemente, associou aquela disciplina à sua dor.

A Malu havia matado a sua Cocota, na segunda e última tentativa de roubar seus petiscos. De todos os animais que tivera até então, a perda da Cocota foi a que mais lhe causou sofrimento. Jamais se esqueceu dela assobiando o hino do Grêmio Foot-Ball Porto Alegrense, nem de suas frases anasaladas: "Cocota quer pão? Cocota quer pão?" e "A Cocota lindaaa. Ahhh!".

Em uma consulta com uma psicóloga, ouviu que não era normal, depois de três meses, ainda estar nesse luto profundo por causa de um animal de estimação. Então ela reagiu e voltou a viver, mas nunca mais teve uma ave. Sua alma alegra-se por vê-las livres e felizes, encerrando seus ciclos de vida de forma natural.

A menina Dominique também conviveu com coelhos, tatus, uma duplinha de emas que ganhou de seu avô materno (estas morreram ainda pequeninas, pois, provavelmente, foram tiradas muito cedo de seus pais e não souberam viver sozinhas), além de porcos e cachorros.

Os cães dos quais se lembra não tiveram um destino muito bonito. Dois vira-latas, um grande, amarelo e branco, e o pequeno, branco e marrom. O nome dos dois era o mesmo: Nerinho. Um dia, seu pai chegou em casa dirigindo o trator e o cão menor, que já era velho, não saiu do caminho de jeito nenhum. Seu pai seguiu com o trator achando que ele levantaria, mas ele não se mexeu. Acabou sendo atropelado no quadril.

Dominique e o irmão iam juntos para a escola. Ela, travessa, preferia atravessar o mato de eucalipto ao invés de ir pela estrada interna do sítio. Um dia, viu os dois Nerinhos enforcados na trilha. Choque. Nunca soube por que isso aconteceu. Já adulta, seus pais nem se lembravam da existência desses cachorros, enquanto ela jamais os esqueceu.

Em uma ocasião, ela achou um ninho cheio de ovos de galinha abandonados, todos podres. Avisou sua mãe e ela disse para jogá-los fora, mas seu espírito aventureiro não podia descartá-los assim. Você já jogou um ovo podre contra alguma superfície? É um estouro e um fedorão. Ela matutou. Olhou a sua volta e viu um trator velho e sem uso havia muito tempo, no qual costumava brincar. Preciso continuar ou você já deduziu o resto? Foi muito divertido!

Quando seu pai chegou em casa, perguntou para Dominique, que era a filha mais velha, quem tinha feito aquilo. Com medo de levar uma surra, disse que havia sido seu irmão. Ele surrou o menino, que chorava dizendo que não havia sido ele. Desconfiado, seu pai perguntou novamente a ela quem tinha sido. Ela mentiu novamente, acusou a irmã e ele surrou a pequena. Foram duas crianças surradas chorando e negando a autoria do crime. Seu pai olhou para ela e perguntou se havia sido ela. Dominique baixou a cabeça e disse que sim, aguardando a surra começar, mas ele não fez isso. Ele a fez olhar para os irmãos chorando e ver o mal que sua mentira havia causado a eles. Até hoje ela se envergonha disso.

Dominique amava morar no campo. Quando pescava, devolvia os peixes para o açude, assim como os sanguessugas que, às vezes, grudavam em seus tornozelos. Quando chovia muito, os açudes transbordavam e ela deitava-se no barranco para que a água passasse por ela quando escoasse pelo talude. Fazia isso em qualquer lugar onde houvesse aguaceiro, até mesmo na beira da estrada de chão batido.

A menina vivia com as unhas pretas de sujeira. Um dia, depois dessas chuvaradas divertidas, voltou para casa. Sua mãe viu-a naquele estado e, olhando para sua irmã, disse que ela parecia uma princesa e Dominique, um moleque. Isso doeu. Dominique sempre se sentiu invisível diante de todos devido à beleza da irmã, com seus cabelos brancos como a neve.

O caminhão da mudança chegou. A família estava de mudança para a cidade e ninguém havia contado nada. Dominique ficou perplexa. Ela não queria sair de lá. O seu mundo de criança era perfeito. Aquele lugar era perfeito.

Visitaram o sítio algumas vezes, mas não era mais a mesma coisa. Anos depois, já adulta e mãe, visitou novamente o lugar, com a imagem mental de tudo que sua criança vivera naquele lugar, mas surpreendeu-se ao perceber como tudo era pequeno e comum. Aquele imenso mundo infantil ainda era muito real, mas somente em sua memória e em seus sonhos.

Dois dos animais de sua infância vivem, hoje, com Dominique, sob outra espécie. Um deles informou isso numa comunicação telepática. O outro vinha insistentemente em sua memória, a qualquer hora do dia. Começou a ver animais reais iguais a ele por toda parte. Um dia, teve uma visão que mostrou que ele estava em sua casa, mais precisamente, sentado em seu colo. As visões cessaram.

Capítulo 2

ANOS DE RAIVA

Durante vinte e nove anos, Dominique sentiu raiva de sua mãe. Com essa idade teve sua primeira chefe do sexo feminino. Muitas coisas ruins aconteceram no ambiente de trabalho e seu nível de raiva superou seu próprio recorde umas mil vezes. Entrou em crise, é claro. Mas ela não queria perder aquele trabalho, então foi fazer terapia.

Quando o terapeuta disse que cada pessoa é 50% igual ao pai e 50% igual à mãe, Dominique revoltou-se, repudiou completamente essa informação. Como metade dela poderia ser igual à sua mãe? Outra crise começou. O terapeuta também comentou que nem entendia como ela tinha conseguido aquele trabalho, tamanha energia negativa que existia nela.

Ele foi a primeira pessoa que jogou a mais pura verdade na cara de Dominique. Ele deu o primeiro choque de realidade nela, abrindo o longo caminho para a sua cura emocional. Nunca mais parou de fazer terapia. Durante um ano de tratamento com uma psicóloga, uma senhora que mais dormia do que a ouvia, ouviu uma única frase útil e importante: sua mãe não poderia lhe dar o que ela nunca teve. Dominique ficou muito surpresa com isso. Entendeu, superficialmente, pois somente quinze anos depois soube como tinha sido dolorosa e traumatizante a infância e a adolescência da sua mãe. A partir daí muita coisa fez sentido. Começou a olhar para ela de outra forma e parou de idolatrar o pai, pois na mesma época ele fez um comentário que a fez enxergar como ele realmente era.

Em 2011, em um passeio numa cidade da serra com duas amigas, acabou comentando que não odiava mais sua mãe, mas que ainda tinha asco de ter que abraçá-la. Ouviu, então, outra frase que ficaria marcada em sua vida: não sentir raiva não significa que você a perdoou.

Em 2006, terminou a faculdade e teve mais tempo para si mesma. Começou, então, a busca pela espiritualidade, que nessa época foi por meio do estudo do Kardecismo. Dominique precisava entender muitas coisas sobre sua vida e sobre seus sentimentos. Era uma mulher bruta, nas emoções e no comportamento. Para ela, o trabalho árduo e estressante era necessário para vencer na vida, o resto era o resto.

Quando seu filho nasceu, em 1995, ela tinha 21 anos. Ele era fruto de um relacionamento muito recente, sem vínculo afetivo forte. Na época, ela gostava do pai dele, mas gostar não é amar, e, mesmo que fosse, amar sem estar emocionalmente curado é um verdadeiro desastre. As pessoas diziam que ela tinha duas crianças para criar devido à imaturidade do pai de seu filho, da mesma idade que ela.

Insegurança, ciúmes, falta de amor próprio, complexo de rejeição. Será que faltou alguma coisa? Ela era tudo isso. Não tinha como o relacionamento dar certo e ela não poderia mesmo ser uma boa mãe. Assim como sua própria mãe, ela não tinha para dar aquilo que não havia recebido. Quando o divórcio aconteceu, fugiu para a faculdade, por sugestão de um psiquiatra, pois assim ocuparia sua mente com algo útil em sua vida, mas isso não curou suas emoções, apenas as colocou debaixo do tapete. Poucas coisas faziam-na ter orgulho da mãe que era, mas sentia-se em paz por nunca ter agredido seu filho, nem fisicamente, nem verbalmente. A violência havia morrido na geração de seus pais. Seus irmãos agiram da mesma forma com seus filhos. A cada geração algo de ruim fica para trás e, assim, as almas vão elevando-se.

Por tudo o que vivenciou em suas relações familiares e com os animais, buscou saber tudo o que podia sobre emoções, espiritualidade, curas etc., e foi assim que começou a estudar sobre as almas humanas e dos animais e sobre a influência de tudo isso na saúde da família multiespécie.

Capítulo 3

O SUMIÇO DA MALU

Na virada de ano de 2014, Dominique estava viajando. Ela havia se mudado meses antes para um apartamento térreo e era a única moradora do prédio na época. Nesse novo apartamento, seu esposo não queria a sua cachorrinha, Malu, dentro do imóvel, então ela ficava em uma casinha do lado de fora, na área externa privativa, ao lado da porta da cozinha. Uma tela foi colocada separando o seu pátio, que era o último do corredor, do seguinte, e ali a Malu ficou durante o Réveillon, sozinha, enquanto uma amiga ia todos os dias vê-la.

No retorno para casa, no dia 1.º de janeiro, quarta-feira, os voos foram diferentes e seu marido chegou em casa bem antes dela. Enquanto ela aguardava a conexão aérea acontecer, ele mandou uma mensagem dizendo que a Malu havia sumido. Dominique chegou em casa apavorada. Procuraram por ela nas redondezas, mas não a encontraram. No dia seguinte, a mesma coisa. Ela só sabia chorar. Publicou o desaparecimento no Facebook, esperando ajuda. Imprimiu folhetos e entregou em agropecuárias da cidade.

Quarta, quinta e sexta-feira se passaram. Dominique chorava litros. Seu pai chegou em sua casa com aquele discurso de que seria difícil encontrá-la novamente. Uma outra pessoa havia relatado que quando seu cão sumiu encontraram-no a 10 quilômetros de casa e isso a apavorou ainda mais, pois ela morava na divisa entre cidades, separadas por uma rodovia muito movimentada.

As chances de encontrar a Malu ficavam cada vez mais distantes. Ela não tinha mais forças, sua energia havia se esvaído completamente com as lágrimas. Decidiu fazer a única coisa para a qual ainda tinha forças: entregou tudo na mão de Deus. Falou para Ele que se ela nunca mais a visse, que pelo menos a Malu fosse acolhida por uma família que cuidasse bem dela. A entrega foi sincera.

No sábado, 4 de janeiro, uma pessoa ligou dizendo que achava que era a cachorrinha da foto que estava na casa dela e ainda completou falando: "Mas ela está grávida".

Dominique pegou sua bicicleta e voou cerca de oito quarteirões. Parou no local informado, que era um terreno cuja frente não tinha muro nem grade e onde haviam várias casas. Olhou pelo corredor de casas e lá, no meio delas, estava uma cachorrinha preta parecida com a Malu. Largou sua bicicleta e entrou correndo e gritando o nome dela. A cachorrinha a viu louca, correndo em sua direção; ela latiu e também correu na direção de Dominique. Ela havia encontrado a Maluzinha!

Parecia uma cena de filme, em que a mocinha larga a bicicleta e sai correndo para encontrar o seu amor. Ela não cabia em si de tanta felicidade! Depois de acalmados os ânimos, conversou com a mulher que havia telefonado. Mais ao fundo do terreno, um homem limpava um peixe e gritou, dizendo:

— Hoje ela iria almoçar isso aqui, ó! Ontem ela comeu macarrão!

Dominique percebeu, pela forma como a Malu se movimentava ali, com o cão deles e com aquelas pessoas, que ela estava à vontade e que havia sido bem tratada. Ligou para o seu marido ir até lá com o carro. Pagaram uma gorda recompensa à mulher. Dominique voltou com a Malu de carro e seu marido de bicicleta. Quando chegou em casa, seu pai ria sem acreditar que ela tinha encontrado sua cachorrinha.

Sobre a gravidez da Malu, até o sumiço dela não havia certeza de nada. Como ela ficava solta no condomínio, o Bobi, um cusco lindo, branco e amarelo, atravessou a grade e namorou ela. No dia 14 de janeiro nasceram a Pitty, a Pitoca e mais dois cachorrinhos machos, que foram doados. Dominique viu a Pitty nascendo e apaixonou-se por ela à primeira vista. Sempre diz que ela é sua alma gêmea. A Pitoca era a menorzinha de todos e, embora também estivesse destinada à doação, Dominique acabou apaixonando-se por suas pequenas doses de sapequice.

Provavelmente, a Malu havia fugido porque tinha ficado com medo do barulho dos fogos. A Pitoca, sua filhinha, herdou esse trauma.

Capítulo 4

A DOENÇA DA MALU

A raiva não curada é uma energia muito densa que se acumula no fígado. Dominique não tinha problema no fígado, mas a Malu teve por ela. Absorveu tudo isso dela, tentando salvá-la. Da mesma forma, os ressentimentos não curados em relação à mãe transformam-se em câncer de mama. Dominique não teve câncer de mama, mas a Malu teve por ela, duas vezes.

A Maluzinha morreu aos 13 anos de idade, com uma grave inflamação no fígado e câncer de mama reincidente. O veterinário que acompanhava o caso chegou ao ponto de dizer, na primeira vez em que o câncer de mama apareceu, que Dominique podia esperar o tumor crescer para, então, submeter a Malu a uma cirurgia. Para ela, que não tinha de onde tirar o dinheiro da cirurgia e que era uma total ignorante no assunto, achou bom. Quando o tumor rompeu a pele que o envolvia ela foi operada.

Meses depois, alisando a barriga de sua cachorrinha Pitty, filha da Malu, sentiu um pequeno nódulo numa mama. Apavorada, correu para o mesmo veterinário, que confirmou o início do câncer. Como elas não eram castradas falou que os cios, os quais traziam oscilações hormonais, favoreciam o aparecimento desse tipo de câncer. Marcaram a cirurgia de castração da Pitty e junto foi realizada a retirada do tumor da mama. A Pitoca, irmã da Pitty, também foi castrada no mesmo dia.

Um ano depois o câncer na Malu voltou. Dominique correu novamente para o veterinário e a cirurgia foi marcada. No dia, o veterinário estava com sua filha, estudante de veterinária, ambos iriam operá-la. A estudante perguntou se havia exames de sangue e, enquanto examinava a Malu, disse que ela parecia ter problema no fígado. O veterinário olhou os exames que ele mesmo havia pedido e que já tinha recebido por e-mail dias antes e confirmou a grave inflamação no fígado. Disse que a Maluzinha poderia vir à óbito com a anestesia e que por isso não seria possível operá-la.

Ele culpou Dominique por não saber que ela tinha a inflamação no fígado, sendo que a responsabilidade de verificar isso era dele e não dela, pois ela era a leiga ali. Dominique perguntou o que poderia ser feito pela saúde da Malu ele disse que não havia mais nada a fazer. Voltaram para casa Dominique, seu filho e a Malu. Dominique sentiu que os dias da Malu com a família estavam contados.

Uma semana depois, às 6h de uma sexta-feira, 23 de dezembro de 2017, Dominique foi acordada pelo grito da Malu. Encontrou-a arrastando as patas traseiras pelo chão e gritando alto. Em sua cidade não havia plantão veterinário em lugar algum. Teve que esperar uma clínica abrir. A Malu andava atrás dela pela casa e Dominique sem saber o que fazer. Quando a levou até a clínica de sempre, a veterinária disse que era uma crise de coluna e a medicou. Ela ficou mais calma e dormiu, e Dominique foi trabalhar ao invés de ficar em casa. Vinte e quatro horas depois a Malu morreu, no banheiro, com uma portinhola separando-a do resto da casa, pois ela defecava onde quer que estivesse.

Durante muitos anos, Dominique culpou-se por ter sido tão omissa. Se fosse hoje faria tudo diferente, correria para a cidade mais próxima atrás de um plantão veterinário, teria colocado uma fralda na Malu para tê-la junto consigo o tempo todo e não a deixaria morrendo sozinha no banheiro de forma alguma. Mas não a odeie pelo que ela fez com a Malu. Ela já se torturou o suficiente.

Quando a Malu morreu, Dominique perguntou-se por que ela havia tido câncer duas vezes. Olhou instintivamente para o saco de ração e sentiu raiva. Pesquisou e descobriu que o corante presente na ração era potencialmente cancerígeno. Malu comeu a mesma marca de ração a vida toda. Nem o veterinário, nem o vendedor da ração falaram algo a respeito. Sentiu raiva deles.

Em 2021, o filho de Dominique, já com 26 anos, disse que, às vezes, sonhava com a Malu. Nos sonhos, ele sempre passava tardes agradáveis com ela. Disse à mãe que quando acordava, lembrava-se de que ela estava morta e chorava muito. Ele também se culpava pelo fato de não ter dedicado mais tempo a ela. Dominique sentiu o sofrimento dele e desabou a chorar, talvez por ter se unido à culpa que ela própria sempre sentira. Nenhuma mãe, por mais torta que seja, quer ver seu filho sofrendo. Pediu a uma colega que fizesse uma comunicação telepática com a Malu. Mandaram mensagens e perguntas para ela, entre elas pedidos de desculpas e de perdão por tudo ter sido do jeito que foi.

Pela comunicação, Dominique soube que a Malu estava encarnada, morando num sítio, livre, leve e solta. Ficou feliz, pois ela merecia muito isso depois de viver 13 anos em apartamentos. Dominique havia pedido perdão à Malu por não ter sido uma boa tutora. Como um ser de elevada consciência, ela disse que Dominique tinha feito o que sabia fazer e era isso o que importava. Perguntaram se ela voltaria para a família, mas ela não respondeu. A comunicadora, no entanto, sentiu que sim, mas que ela iria para o filho de Dominique.

Antes da comunicação com a Malu acontecer, Dominique sempre pensou que a Kiara, uma de suas cachorrinhas atuais, fosse a reencarnação da Malu por causa de seus gritos, que levaram Dominique a encontrá-la, num paralelo com os gritos da Malu, um dia antes de morrer. Enfim, o engano havia sido esclarecido.

Capítulo 5

A MALU NÃO A SALVOU

Durante os nove meses seguintes à morte da Malu, a culpa corroía a alma de Dominique. Nessa época, ela não tinha muita consciência desses lances de energia. Ela culpava-se por não ter dado à cachorrinha a atenção que ela merecia. Malu era uma senhora idosa, com limitações, e Dominique dava atenção à Pitty e à Pitoca, cheias de uma energia contagiante.

Uma noite, Dominique teve um sonho. Ao lado de sua cama havia uma cachorrinha poodle branca. Ela tentava sair de um cercado invisível, mas não conseguia. Dominique não entendeu esse sonho, pois nunca tivera uma poodle. Conversou com uma médium, que lhe disse que poderia ser que a Malu não estivesse conseguindo sair do seu lado porque ela não a deixava ir. Ciente disso, Dominique reuniu as forças que não tinha para liberar a Malu e foi, então, que suas buscas espirituais e tratamentos emocionais intensificaram-se.

Cerca de um ano e meio depois do óbito da Malu, Dominique fez um check-up médico e numa mamografia apareceram alguns cistos. Eles não estavam enfileirados nem aglomerados, o que já indicava que não era câncer. Mesmo assim, Dominique submeteu-se a uma biópsia. No tempo entre a mamografia e a biópsia, buscou terapias alternativas, tendo uma sessão ThetaHealing e apometria combinadas. Os ressentimentos com a mãe foram o tema dessa sessão. Ao final, a terapeuta disse que acreditava não ser câncer, mas que Dominique deveria fazer todos os procedimentos normalmente. A biópsia deu negativa, ela tinha razão.

A Malu não estava mais lá para salvar Dominique do adoecimento, absorvendo sua energia desequilibrada, mas deixou o maior alerta de todos: algo estava muito errado na vida de Dominique. Sua energia vibrava tão baixo que até um veterinário ruim havia escolhido para tratar sua Maluzinha. A energia densa de Dominique a impedira de ver o todo, de buscar outras alternativas para a Malu e para si própria.

Sabe o que eu ainda não te contei? Na quinta-feira da semana em que a Malu morreu, Dominique havia terminado (pela milésima vez) seu relacionamento amoroso. Na noite do término ficou muito mal emocionalmente, o complexo de rejeição aflorou fortemente, pois ele não se esforçou nem um pouco para que ela ficasse em sua vida. Teve uma crise de sinusite e, durante a madrugada, foi parar na emergência. Voltou para casa e pouco depois, às 6h, estourou algo dentro do corpo da Malu. Ela absorveu mais essa bomba de energia de baixa vibração e seu corpo não aguentou mais, falecendo no dia seguinte.

Muitos outros acontecimentos, simultâneos e desafiadores, aconteceram na vida de Dominique nessa mesma época, tanto em relacionamentos afetivos quanto profissionais e sociais. Um verdadeiro caos. Quando estamos desconectados do nosso amor próprio, atraímos relacionamentos e acontecimentos prejudiciais para a nossa vida, pois não estamos vibrando alto. Afundamo-nos diariamente quando aceitamos menos, muito menos do que merecemos, quando nos olhamos no espelho e vemos apenas defeitos, ao invés de nos amarmos incondicionalmente. Ao longo dos anos, esse acúmulo de falta de amor próprio gera um impulso negativo tão forte que tudo ao nosso redor dá errado.

Os animais de estimação percebem nosso caos interior, pois ele reflete-se na nossa energia. Por nos amarem tanto, eles puxam para si nossas energias desequilibradas a fim de que fiquemos bem novamente. Tutores que não olham de verdade para as suas questões emocionais jamais se curam e com isso sobrecarregam e adoecem seus pets, podendo levá-los à morte prematura.

Se você me disser que os animais fazem isso porque querem e que por isso não devemos nos sentir culpados, eu até posso concordar com você, mas não é justo que quem quer que seja se sacrifique porque somos desleixados com nossa própria evolução e expansão. Passar a vida toda espalhando o seu caos interior ao seu redor não é bom para ninguém e é mais ou menos isso que a humanidade tem feito. É mais fácil descontar no outro e culpá-lo do que ter a coragem de enfrentar as próprias mazelas.

Hoje, quando identifica o espelhamento em seus animais, Dominique fala a eles frases sistêmicas para libertá-los do peso de fazerem parte de seu sistema familiar, carregando seus fardos. Se a Malu ainda estivesse aqui, diria a ela: "Você é pequena, eu sou grande, eu é que cuido de você, eu dou conta das minhas questões, deixe isso comigo".

Dominique sentia que havia sido uma tutora inadequada para a Malu e demorou muito tempo para se perdoar por isso. Hoje, deseja que os tutores tenham a consciência que ela própria não teve, sendo, assim, seres melhores para seus animais de estimação e para todos os animais com os quais conviverem em suas vidas, por mais rápido que isso seja. Toda alma animal veio a este mundo para trazer luz a alguém. Respeitemos esses anjos e suas respectivas missões neste planeta. Isso não se refere somente a cães e a gatos, mas a todas as espécies de animais não humanos.

Capítulo 6

A PRAIA

Em maio de 2019, Dominique mudou-se para o litoral, após tentativas frustradas de mudar-se para alguma cidadezinha da região metropolitana. Passou a viver numa pequena praia, com poucos moradores fixos, distante 18 quilômetros do centro da cidade. A casa, bem pequena, não tinha sala, apenas uma cozinha, cuja janela ficava para os fundos, onde via apenas um muro.

No primeiro ano choveu muito e não havia uma janela pela qual ela pudesse olhar para o gramado e isso a deprimia, pois precisava ficar trancada em casa por causa das fortes chuvas. Além disso, estava vivendo uma grande dor emocional. Bebia vinho todos os dias e comia muitos doces, tudo para se dar o prazer de ser feliz de alguma forma. No início, era uma taça, depois se tornaram duas. Aos finais de semana bebia ainda mais. Engordou muito e detonou seu estômago com tanto álcool. Um inverno depressivo, totalmente voltado às suas derrotas pessoais, exceto pela bênção de morar junto à natureza, como há anos desejava.

Quando se mudou para a praia tinha três cães: a Pitty, a Pitoca e o Flock, que havia resgatado da rua, na cidade anterior, havia cerca de dois meses. Decidiu morar numa casa para dar uma vida melhor às suas cachorrinhas e a si própria. Elas precisavam da natureza, do sol, do ar puro e de nenhum vizinho do outro lado da parede. A temporada de viver em apartamentos havia se encerrado, definitivamente.

No primeiro sábado de outubro desse mesmo ano, depois de uma chuva torrencial que alagou a rua, Dominique esperava seu pai chegar de viagem. Ouviu um cão chorando alto, muito alto, como se estivesse sendo torturado. Olhou para a rua, viu os dois cães comunitários no canteiro de obras da esquina e achou que pudessem, de alguma forma, estar ameaçando o cachorro, embora não fosse esse o temperamento deles. Colocou suas botas de borracha e foi ver o que estava acontecendo.

Os gritos daquele cachorro doíam absurdamente em seus ouvidos. Lembrou-se da Malu gritando, vinte e quatro horas antes de morrer, e ficou muito angustiada. Quando chegou na obra, encontrou um filhote de cachorro sozinho, todo molhado, tremendo de frio, concentrado em berrar o máximo que podia. Essa cena partiu seu coração. Ele não estava machucado, só estava sozinho e desesperado. Pegou o cachorrinho no colo e ele deu um grito, de susto, tamanha concentração que estava em seu sofrimento. Encostou-o em seu peito para que se aquecesse e ele ficou quietinho. Levou-o para sua casa, pensando: vou cuidar, vacinar, castrar e colocar para adoção.

Deu um banho quente no cachorrinho e depois deu o leite que tinha comprado para seu pai. O pequeno bebeu tudo e depois avançou na ração dos seus cães. Pança cheia, dormiu no sofá. Quando a cachorrinha acordou (sim, era uma fêmea), desceu do sofá sozinha e foi até a varanda, caminhando pela casa na maior tranquilidade, como se sempre tivesse morado ali. Dominique nem acreditou na cena.

Desde que a pegou no colo, naquela obra, ela nunca mais chorou. Seu cachorro Flock, superagitado, começou a brincar com ela, e Dominique ficou preocupada que ele machucasse a pequena, mas ela nunca baixou a cabeça para ele, pelo contrário, avançava nele, mesmo sendo uma cachorrinha com cerca de dois meses de idade e ele com quase um ano.

Seu pai chegou de viagem. Quando viu a pequena caminhando na varanda perguntou, desconfiado, quem era, e Dominique respondeu que havia acabado de resgatar e que só iria cuidar dela e, depois, colocá-la para adoção. Ele não acreditou muito.

A pelagem dela, de cor caramelo, e sua carinha de "Simba" (do desenho *O Rei Leão*), foi decisiva na escolha do nome, até porque já curtia esse nome havia muito tempo. Os meses passaram e Dominique nunca tentou doar a Kiarinha. Além da conexão instantânea com a pequena, acreditava que ela podia ser a reencarnação da Malu.

Três dias depois de ter encontrado a Kiara, descobriu quem eram os tutores e foi até lá para devolvê-la antes que pensassem que ela havia roubado seu filhote. Foi a pé e quando entrou na rua deles com a pequena no colo, a mãe da Kiara correu em sua direção. É bastante desconfortável, ou até mesmo apavorante, ver um cachorro correndo direto para você, ainda mais quando tem cabeção de pitbull e a fama de morder a perna de homens que passam em sua rua. Cuidadosamente, Dominique foi largando a Kiara no chão, mas a cachorra chegou antes que ela concluísse o ato, e colocou suas patas dianteiras em Dominique. Por sorte, era uma cachorra muito doce e meiga. Seus filhotes vieram todos correndo atrás dela, espalhando-se pela rua.

A tutora disse a Dominique para ficar com a Kiara ou com qualquer outro da ninhada. Nesse meio tempo, o tutor chegou de carro, estacionando sem nenhum cuidado com aquele bicharedo espalhado por ali. Um dos irmãozinhos da Kiara era muito lindo, de pelagem bem clarinha, como a da mãe. Dominique poderia ter trocado a Kiara por ele, mas já tinha se apegado a ela. Embora não estivesse em seus planos ter mais um cachorro em tão pouco tempo, não podia deixá-la viver daquele jeito.

Dias depois retornou à casa para tirar fotos dos filhotes e postar nas redes sociais para disponibilizá-los para adoção, mesmo não conhecendo quase ninguém na cidade. Aquele filhote bonitinho do qual ela havia gostado tinha sido encontrado no mato por uma vizinha, muito machucado, segundo o tutor. Ele disse que havia levado o filhote ao veterinário, mas que não tinha dinheiro para exames e tratamento. O pequeno estava deitado num jornal, quietinho, com a barriguinha toda esfolada; talvez tivesse sido atropelado e estivesse com hemorragia interna.

Dominique sentiu demais por isso ter acontecido com ele. Ajoelhou-se e o pegou no colo. Ele deu um grito, largou cabeça para trás e morreu ali, em suas mãos. Ela não se conteve e chorou profundamente, abraçando-o. Pediu perdão a ele por não ter conseguido um lar onde pudesse crescer e ser feliz.

Capítulo 7

KIARA

Depois de um tempo e muitas brigas com o Flock, Kiara tornou-se a líder da matilha, agindo sempre de forma autoritária, usando seu porte grande como arma caso não a obedecessem. A líder era a Pitty, depois o Flock tirou a liderança dela e agora ele a perdera para a Kiara, embora ele sempre tentasse pegá-la de volta.

A Pitoca (mistura de vira-lata pequeno com Dachshund) não gostava muito da Kiara. Era meio mal-humorada e não aceitava que chegassem perto enquanto estivesse comendo. A Kiara, como todo filhote sem noção, enchia o saco dos outros cães. Um dia, enquanto Dominique passava o aspirador de pó na casa, a Pitoca invocou mais do que o normal e avançou em Kiara, que se colocou de barriga para cima, totalmente submissa. Ainda assim, Pitoca manteve o ataque, mordendo-a no rosto.

Enquanto isso acontecia, Dominique agiu instintivamente para salvar a Kiarinha e acabou usando o que tinha na mão: bateu com a ponteira do aspirador de pó na cabeça da Pitoca. A briga cessou. Pitoca retirou-se cabisbaixa, enquanto a Kiara restou uma ferida perto do olho, que infeccionou e inchou bastante.

Nos dois dias seguintes, a Pitoca ficou longe da casa e de lá olhava para todos. O pai de Dominique percebeu que ela vomitava seguidamente e que não se alimentava. A tutora colocou-a no sofá da varanda para ver como ela estava. Pitoca realmente estava estranha, com olhos miudinhos e cabecinha baixa; ela nunca havia se comportado assim. Dominique levou-a ao veterinário e o diagnóstico foi de desidratação. Dois dias no soro. Preciso falar sobre o tamanho do remorso de Dominique? Certamente, a Pitoca havia ficado magoada com ela.

A Kiara cresceu muito. Quando a Pitoca eventualmente rosnava para ela, Dominique via que Kiara já sabia do seu potencial em fazer o que quisesse com outros cães, então sempre dava um jeito de separá-las. Nunca aconteceu outra situação de agressão.

Dominique queria muito um gato preto. Já tinha visto várias fotos de gatos que estavam para adoção, mas não se sentia conectada a nenhum. Em novembro, um mês depois da chegada da Kiara, viu a foto de uma filhotinha e ficou apaixonada. Ela chegou com cerca de 40 dias, muito cedo para ser separada da mãe, mas Dominique não tinha ideia de que era tão novinha. As pessoas tem tanta pressa em colocar os animais para adoção que nem ao menos respeitam os sessenta dias em que eles devem ficar com a mãezinha e com os irmãos a fim de aprenderem a se relacionar bem com sua espécie (ainda que o ideal seja noventa dias).

Kiara adotou a pequena gatinha como sua bebezinha e não deixava nenhum outro cão chegar perto. Poupou totalmente Dominique da preocupação de ter que adaptar e proteger a gatinha dos outros três cães.

Poucos dias depois de adotá-la, Dominique dirigiu, no total, 700 quilômetros (ida e volta) para visitar sua mãe. A Jade, sua gatinha pretinha, foi com ela, solta no carro, e comportou-se muito bem a viagem toda. O nome Jade já existia na mente de Dominique havia vários meses, antes mesmo de ela pensar em adotar um gato. Ela sempre se perguntava por qual razão tinha um nome pronto para ninguém.

A Jade era uma gatinha tão amorosa que tinha até um coração branco na barriguinha. Cresceu e tornou-se uma felina de porte pequeno. Quando a Jade chegou, a Kiara tinha sido castrada recentemente (outro arrependimento de Dominique, ter castrado a Kiara tão cedo, mas na época recebera uma informação equivocada e não a analisara direito).

Vendo seu instinto maternal tão forte ficou com remorso de ter tirado dela a oportunidade de ser mãe, mas o que ela faria com a filharada toda dela? A própria Kiara vinha de uma família humana que nunca castrou a cachorra, criavam-na solta e não davam nem comida a ela. A Kiara perdera-se da mãe por isso, porque estavam correndo o bairro em busca de alimento.

Capítulo 8

A PANDEMIA

Quando a pandemia foi oficializada na cidade onde Dominique morava, em março de 2020, ela não sentiu tanto o isolamento, pois já vivia meio isolada. Começou, então, a trabalhar no sistema *home office* e nunca mais parou.

Dominique tinha o hábito de abrir o portão e deixar os cachorros correrem livres pela rua, pois praticamente não havia movimento de veículos. Os cães corriam feito cavalos de corrida. A Jade, a única felina da casa, corria junto com eles, parecendo não ter noção de que era uma gatinha.

Decidiu adotar mais uma gatinha para fazer companhia para a Jade, para ela espelhar-se e se comportar como uma gata e não como um cão. Olhou muitas fotos de gatos para adoção e quando viu a foto da Ágatha adorou-a. Ela tinha quatro meses, quase a mesma idade da Jade.

Jade era bem bobinha e não tinha aprendido a conviver com outros gatos. Já Ágatha, que havia sido encontrada abandonada num terreno baldio, tinha outra experiência de vida. Querendo brincar de lutinha com a Jade, percebeu que ela não sabia o que fazer, e foi assim que a Jade começou a apanhar. Depois de algum tempo, Dominique sentiu que Ágatha queria ser única gata da casa.

A Jade vivia saindo dos limites da propriedade e Dominique vivia atrás dela pela rua, nos terrenos baldios vizinhos, e assim foi por quase um ano, até que desistiu, embora sempre ficasse preocupada, mas Jade preferia viver assim. Quando ela tinha mais de dois anos resolveu desapegar e acreditar que a gatinha safar-se-ia de qualquer situação. Ela era castrada e vacinada e a população de gatos no bairro aparentemente era saudável e pequena.

Não foi fácil ver suas gatas brincando com filhotes de cobra, mas Jade e Ágatha entraram nessa. Pensem no desespero de Dominique – a Ágatha dando patadinhas num filhote de jararaca e a Jade segurando pelo rabo as cobrinhas verdes. De vez em quando, filhotes de jararaca apareciam mortos no terreno ao lado da casa.

Certa vez, conversando sobre isso com um veterinário, ele disse que os gatos não enfrentam cobras que não conseguirão vencer, mas que dão conta das outras. Desse dia em diante, Dominique jogou longe a toalha das preocupações, embora, é claro, preferisse elas em casa.

Paralelamente a tudo isso, no início de 2020 ela intensificou seus estudos na área holística. Após consultar uma taróloga no final do ano anterior, teve a certeza de que estava no caminho certo. Estudar as terapias foi a parte mais fácil desse início todo. No mesmo semestre fez sua primeira formação em comunicação telepática com animais e sua primeira formação em ThetaHealing. Sendo ou não sua missão trabalhar com os animais, a questão é que ela não estava emocionalmente pronta para se assumir nessa profissão, não confiava em si mesma. Aliás, nunca foi autoconfiante.

Esse foi um ano de imensas e profundas curas das autossabotagens, da falta de amor próprio, da falta de autoconfiança e da falta de coragem de ser remunerada pelos seus serviços. Todos os processos de cura pelos quais passou confirmavam seu caminho, mas apenas as "cascas superficiais da cebola foram retiradas", ainda haviam processos de cura mais profundos por vir.

Dominique queria adotar uma gata tricolor, mas foi desencorajada por outra pessoa por causa dos cães. Quando havia acabado de fazer o curso de comunicação animal, adotou uma cachorrinha de dois meses que, por motivo desconhecido, não tinha parte de uma perninha, e era tricolor. Quis dar a ela um nome nobre e a chamou de Sissi, que era o apelido da princesa da Áustria. Mal sabia ela que a princesa tinha uma vida bem agitada. Bem, Sissi tornou-se uma cachorrinha ligada na tomada o tempo todo.

No primeiro final de semana em que a Sissi em estava em sua casa, Dominique estava fazendo seu primeiro curso de ThetaHealing. Numa sessão, quando estava no plano do Criador (o plano em que as curas acontecem, segundo essa técnica), a Sissi apareceu por lá. Dominique dizia para ela sair de sua tela mental, mas ela não saía. Perguntou o que ela queria e ela disse: "Eu quero a minha perninha".

Essa frase partiu o coração de Dominique.

Terminada a formação, passou a pesquisar próteses para ela. Além de caras, não havia ninguém em seu estado que trabalhasse com isso. O profissional mais próximo ficava em São Paulo, distante cerca de 1000 quilômetros de onde morava, e ainda precisaria ficar lá uns quinze dias para ajustes e adaptação. Nunca mandou fazer a prótese.

Todos os dias pedia aos seres de luz, ao Universo, a Deus, que lhe dessem o dom da cura, a ponto de regenerar membros amputados. Até hoje não o recebeu, certamente devido às crenças que limitam a sua fé, ou talvez não seja algo que possa ser realizado aqui na terceira dimensão, ainda que as salamandras aloxote o consigam. A Sissi sempre disse que não queria que sentissem pena dela. Ela tornou-se uma cachorrinha hiperativa e bravinha, o jeito que encontrou de ser respeitada e de se sentir incluída.

Nas trocas de atendimento que fez com três colegas de ThetaHealing, a Pitty, cachorrinha mais velha de Dominique e que ela sempre considerou ser sua alma gêmea, apareceu em três atendimentos em que a tutora era a paciente. Num deles, a colega viu uma cachorrinha igual à Pitty ao seu lado. Quando encerrou a sessão, Dominique mostrou uma foto dela e a colega ficou assustada, pois era a cadelinha que havia aparecido em sua visão. A outra colega havia visto a Pitty transformando-se num humano ao lado de Dominique. Uma terceira colega tivera a mesma visão que Dominique: enquanto esta usava seu poncho colorido do Peru, Pitty estava ao seu lado, sendo uma mistura de cão e ovelha, talvez uma espécie que não existe na Terra, e de ambas emanava muita luz.

Na primeira formação de comunicação animal que fez também ocorreram trocas de atendimentos entre as alunas, uma se comunicando com o animalzinho da outra. Numa dessas trocas, uma colega comunicou-se com o Flock. Ele disse que não gostava da grama molhada (ele é peludo e veio duma cidade cheia de asfalto e concreto). Disse, ainda, que Dominique deveria ser mais alegre. Ele é um cão muito alegre e elétrico. Desde então, todo final de tarde, Dominique brinca com seus pets, jogando bolinha e fazendo muita zoeira. Bem, foi assim que Dominique começou a deixar sua matilha hiperativa e incontrolável.

Quando a Jade, e depois a Sissi, chegaram, a Kiara assumiu a maternidade de ambas e não deixava ninguém chegar perto delas. Dominique ficou muito grata a ela, pois tinha percebido que havia lhe poupado o imenso trabalho de ter que adaptar a Jade e a Sissi aos outros cães.

Em outra formação em comunicação telepática com animais, Kiara disse à colega comunicadora que agradecia por Dominique tê-la acolhido. Dominique pediu que a colega comentasse com a Kiara sobre seu autoritarismo junto aos demais e ela respondeu que fazia isso para ajudá-la, pois se ela ficasse sobrecarregada poderia adoecer e, se isso acontecesse, quem cuidaria deles? Agora me diga, existe amor animal maior do que esse, de assumir responsabilidades porque o humano não dá conta sozinho? Mesmo sendo pesado demais para a Kiara, foi incrível tudo o que ela fez pela tutora e por todos os animais da casa. Dominique ficou sabendo, numa outra comunicação, que sua caramelo tem uma alma antiga, que é a líder e que tem uma sabedoria ancestral. Isso é lindo demais!

Hoje, Dominique tem consciência de que nenhum animal deve tentar salvar o tutor, pois quando isso acontece ele coloca-se fora do seu lugar, quebra a hierarquia, podendo adoecer e até mesmo morrer, pois a carga é pesada demais. A única função de um animal de estimação é dar e receber amor, sem ser colocado no papel de filho. Quando dizemos "Vem com a mamãe" ou "Cadê o papai?" colocamos o pet no lugar de um humano e sobre ele recai todo o emaranhado sistêmico familiar humano.

Nós, os tutores, precisamos aprender a nos comunicar com nossos pets com nosso próprio nome – "Vêm com a Dominique" ou "Cadê a gatinha linda da Dominique?" – e abolir as palavras mamãe, papai, filha, filho, vovó, vovô, titio, na comunicação com nossos animais de estimação. Pode não ser fácil fazer essa mudança, mas por amor aos nossos animais devemos nos esforçar diariamente.

Capítulo 9

A MÃE DA CARAMELO

Julho de 2021.

Antes de abrir o portão para seus cães correrem, Dominique costumava olhar no entorno para ver se havia outro cão por perto para não dar confusão. Se não tivesse, eles iam para a rua. Mas esse hábito tornou-os mal-educados. Nunca mais ela conseguiu abrir o portão sem que eles pensassem que era para sair e fazem isso até hoje, mesmo sem serem autorizados. Adestrar, sozinha, uma matilha, exige muita determinação e tempo. Dominique já havia tentado duas vezes, mas acabou desistindo.

Um dia, percebeu que havia um cão desconhecido, distante uns 100 metros da sua casa. Ele estava parado lá, olhando em sua direção. No dia seguinte, o cão estava um pouco mais perto, e assim foi indo, até que um dia parou em frente à sua casa. Dominique olhou aquele cão de pelagem clara. Parecia um pitbull e tinha um olhar muito meigo. Ofereceu-lhe ração e água. Comeu por educação, pois o cheiro de churrasco na vizinhança estava forte. Dominique percebeu, então, que se tratava de uma fêmea, fez muito carinho nela, era uma doçura. Lembrou, emocionada, que já havia interagido com ela, há alguns anos. A Kiara sempre endoidava quando um cão se aproximava da casa e dessa vez não foi diferente, pois ela não reconhecia mais sua mãe canina, mas Dominique jamais a esqueceu.

Durante uns dois ou três dias ela andou por ali. Depois sumiu. Dominique pegou um balde pequeno com água e um pouco de ração e foi até a casa dela. Estava sozinha, deitada num sofá velho na garagem. Segundo a vizinhança que a alimentava, os tutores estavam fora havia meses. Dominique ficou pensando no tamanho da solidão e da saudade que ela deveria sentir da família.

No outro dia, comprou um bom e caro remédio para pulgas e carrapatos e deu a ela. Colou a embalagem na parede com a data em que ministrou o medicamento: 31 de julho. Não queria que outra pessoa lhe desse a mesma medicação desnecessariamente.

Pensou em anunciar que ela estava para adoção, já que tinha sido abandonada, mas acabou não fazendo isso, pois não sabia se os donos voltariam, se é que eles ainda tinham algum direito sobre ela. Dominique não queria se apegar a ela, então passava de carro na frente da casa, sem parar, só para ver se ela estava lá. Depois de um tempo a casa foi vendida e nunca mais a viu.

E a cena do filhote dela morto em seus braços, com a cabeça caída para trás, nunca mais saiu de sua mente. Até hoje, quando um cão lhe mostra o pescoço para ser acariciado, ela lembra daquela cena e sente desconforto, o qual procura ressignificar todos os dias. Nunca mais se esquecerá da mãe da Kiara, nem do filhote que morreu. É tão triste o que acontece com os animais. Os erros que os tutores cometem sem perceber já são inúmeros e quando estão aliados a maus-tratos e abandono são insuperáveis em causar dor às suas almas. Eles não merecem passar por isso.

Capítulo 10

A PITOCA E O VIZINHO

Domingo, 17 de outubro de 2021, mais ou menos 19h. Estava escuro e frio.

Dominique abriu o portão para seus cães correrem na rua. Dentre eles estava o Alfredinho, cachorro que resgatou numa rodovia, sete meses atrás, e com quem criou uma forte conexão. Ela via isso tudo como uma vantagem de quem mora numa praia afastada e cheia de aposentados, sem movimento de carros ou de pessoas à noite durante as épocas frias.

Ela ia caminhar com eles para o lado esquerdo, mas viu a luz de um veículo, ao longe, e decidiu caminhar para a direita. A Sissi, sua cachorrinha que não tem uma das patas dianteiras, sempre corria feito doida com os outros. Dentre todos sempre foi a que Dominique mais cuidou, pois tinha receio de que se machucasse.

Chegaram na esquina seguinte. Dominique e Sissi estavam numa rua lateral, num ponto próximo à esquina. Os outros cães estavam espalhados. Pitoca estava na esquina oposta à que Dominique estava. Era toda preta, pequena como um Dachshund, e estava usando uma peiteira de cor pink. Percebendo que um veículo estava chegando perto, ainda que em baixa velocidade, cuidou para que a Sissi não saísse correndo naquele momento. Chamou a Pitoca para vir para perto delas. Ela levantou as orelhas, olhou por alguns instantes e não atendeu ao chamado. Poucos segundos depois o carro passou por eles, ao mesmo tempo em que Pitoca decidiu atravessar a rua.

O veículo devia estar a uns 40 quilômetros por hora. Geralmente, as pessoas diminuem a velocidade quando veem animais, mas esse motorista não diminuiu. Talvez não a tenha visto, ou, assim como Dominique, achou que ela não atravessaria a rua na frente do carro. Dominique ouviu o barulho do carro passando por cima de algo e gritou, desesperada: "Nããããããããooooo!".

Correu e viu a Pitoca deitada debaixo do carro. Estava de barriga para cima e virava seu corpo em direção a ela. Nesse momento, a roda de trás passou por cima dela também. O desespero de Dominique foi ao inferno e voltou. Ela pegou a Pitoca no colo, que parecia convulsionar. Dominique gritava e chorava desesperada e sentiu o próprio coração congelar quando Pitoca parou de se debater. Deitou a pequena na calçada, na esperança de que se mexesse, mas isso não aconteceu. O fim da Pitoca havia chegado de forma brutal, para ela e para Dominique.

O motorista desceu do carro, disse que não teve a intenção e blá blá blá. Dominique respondeu: "Eu sei".

Em seguida, uma das vizinhas de Dominique apareceu. O homem perguntou-lhe se ela tinha uma caixinha de papelão para colocar o corpo. Ele não sabia o que dizer ou fazer. Dominique pegou a Pitoca nos braços e foi para casa, anestesiada, em choque. Não podia ser verdade. Não era justo que tivesse acontecido aquilo com a Pitoquinha.

Dominique colocou o corpinho no sofá, sentou-se no chão, chorou e berrou feito uma louca. A dor em seu peito era insuportável. Chorou descontroladamente. O Alfredinho, lambia freneticamente suas lágrimas, como se assim pudesse amenizar o desespero da tutora. Ela nunca se esqueceu desse gesto dele.

Uma vizinha levou chá de cidró para Dominique, o que a acalmou um pouco. Quando ficou sozinha novamente, pegou uma caixa de plástico branca e colocou o corpo da Pitoca ali dentro. Sempre que um animal morre seu corpo parece ser maior do que era em vida. O dela coube certinho na caixa. Passou no corpo dela, ainda quentinho, um hidratante muito cheiroso, porque ela adorava todo tipo de perfumes, cremes, sabonetes, produtos de limpeza, bichos mortos, cocô de outras espécies, enfim, cheiros. O corpo dela ficou repleto de perfume, como ela tanto amava. Colocou flores e velas na caixa. Fez uma espécie de velório. Por mensagem, pediu a uma amiga reikiana que mandasse boas energias para ela para que seu desenlace fosse amparado pelos seres de luz. E assim a amiga fez e viu a Pitoca ao lado de Dominique, dizendo: "Eu a amo, mas eu tenho que ir".

O vizinho da casa ao lado ofereceu-se para enterrar o corpo dela no terreno dele, cuja divisa com o de Dominique era feita por um alambrado. Disse que ali os cachorros não iriam desenterrar o corpo. Dominique agradeceu e não falou mais nada. No outro dia, bem cedo, cavou uma profunda cova em seu próprio quintal, em meio às raízes das árvores casuarinas. A cova tinha cerca de um metro de profundidade. Colocou a caixinha branca cheia de flores no fundo da cova. Ela lembrou-se das palavras do filho quando a mãe da Pitoca, a Malu, faleceu: "É só o corpo dela, ela não está mais aqui".

Então Dominique colocou alguns pedaços de troncos de árvore em cima do local, protegendo-o, para que seus cães não tentassem desenterrar o corpo. Depois, comprou um arbusto cuja flor era muito cheirosa e plantou sobre o local, além das suculentas, e resguardou tudo cercando com uma pequena tela.

Capítulo 11

A VOLTA DO LUTO

Durante muitos dias ela sentava-se ali, no pequeno cemitério recém-inaugurado, para chorar. Os dois primeiros dias foram os piores. Tomava três calmantes fitoterápicos por dia para tentar aplacar a dor insuportável em seu peito. O pior de tudo era relembrar a cena do atropelamento. Olhos fechados ou abertos, a cena sempre voltava para dilacerar sua alma, o tempo todo. Não conseguia comer, nada descia pela garganta. Duas amigas queridas foram visitá-la e isso renovou suas forças. Conseguiu comer enquanto elas estavam lá, depois voltou a sentir-se como antes.

No terceiro dia, conseguiu reunir forças e mandou amor incondicional para a Pitoca. Surpreendeu-se com a potência de energia que conseguiu emanar. Não sabia que era capaz de tanto, não sob uma dor tão insuportável.

A Pitoca morreu dessa forma trágica exatamente uma semana antes do aniversário de Dominique. Seu filho e sua nora foram visitá-la, assim como seu pai. Mãe e filho choraram diante do túmulo dela.

Dominique costumava dizer para a Pitoca: "Cadê o bebê da mãe?". E a Pitoca, em retribuição, encostava a cabeça no peito da tutora e fazia uma carinha meiga.

Ela era a Maria Gasolina, como carinhosamente a chamava, que ia com ela a todos os lugares, de carro, e comportava-se muito bem. Era a pretinha que adorava colo, petiscos e que competia com o pai de Dominique para ver quem roncava mais. Agora era tudo apenas dolorosas lembranças.

Dominique chorou tudo o que tinha que chorar, a qualquer hora, em qualquer lugar. Deixou extravasar, transmutar, curar. Sabia que a Pitoca fora seu grande anjo, protetora da sua energia. Estava em paz agora, na dimensão onde o amor incondicional era o ar que ela respirava. Sentiria saudades eternas da sua Pitoca, amada por todos que a conheciam. Amava-a e iria amá-la por toda a eternidade.

Uma amiga, que também era terapeuta, fez um trabalho de cura com Dominique, à distância, que a ajudou muito a suportar aqueles primeiros dias após a morte da Pitoquinha. No dia seguinte à sessão, mandou uma mensagem a Dominique, contando do sonho que tivera com elas. No sonho, a tutora chegava num lugar espiritual e a Pitoca vinha correndo em sua direção, seguida de muitos outros animais. Todos foram receber Dominique. Para ela foi a mensagem mais linda do mundo, pois sentia que sua cachorrinha estava bem em seu novo lar, o que era um grande alento para a sua alma.

Seu filho sonhava muito com a Pitoca e nos sonhos ela sempre estava viva e com ele. Quando ele acordava e lembrava-se de que ela estava morta, chorava muito.

Cerca de quinze dias após a morte dela, Dominique passou um final de semana fazendo uma segunda formação em comunicação telepática com animais para aprender novas formas de se comunicar. Não haveria outro evento como esse tão cedo e pensou que estava bem. Durante a formação, trocaram fotos de seus pets para treinar a comunicação com o animalzinho da colega. A pessoa que se comunicou com a Pitoca levou uma pergunta de Dominique a ela, pois queria saber se ela estava feliz e sapeca no novo lar, tal qual as imagens que sua amiga vira no sonho. A resposta foi de que essas imagens eram como remédios para a alma.

A colega viu-a energeticamente isolada e sendo tratada. Na verdade, ela estava sendo isolada de todas as energias de dor daqueles que a amavam. No momento em que recebeu essa informação, durante a aula, sua vibração mudou. Dominique chorou, ficou revoltada. Percebendo o desequilíbrio que sua energia estava levando ao grupo, a instrutora fez um intervalo e emanou energia para Dominique e para o grupo todo, que se equilibrou e a aula voltou ao curso normal.

No primeiro aniversário da morte da Pitoca, a dor insuportável, o luto, o choro, tudo o que Dominique havia vivido estava aparentemente curado. Agora era suportável falar sobre tudo o que tinha acontecido, embora ainda fosse doloroso. Além disso, Ágatha estava sumida, o que lhe consumia completamente a energia.

Capítulo 12

MENSAGEM DOS ANJOS

Em 28 de outubro, onze dias após o óbito da Pitoca, Dominique pediu uma mensagem dos anjos para uma pessoa que a canalizava. Transcrevo aqui a parte que fala da Pitoca:

"Sabemos que você faz o melhor que pode diante dos acontecimentos. A partida repentina da sua companheira revela isso. Não temos controle. Ela estava diante de desafios internos que pertenciam somente a ela. Cada um dos seres que habitam esse plano desfrutam de desafios que somente eles podem verdadeiramente compreender. Se ela não tivesse partido, talvez você não teria olhado com tanta clareza para os fatos como está olhando agora".

No momento em que leu a mensagem, Dominique percebeu que a dor emocional que vivia, anterior à morte da Pitoca, havia acabado. Referia-se a um relacionamento amoroso de idas e vindas que teve com uma pessoa que adorava a Pitoca (e que a Pitoca também adorava), um relacionamento cármico. Casados em outra vida, as coisas não foram muito bem. Pactos e contratos daquela época tiveram que ser cortados para que sua vida fluísse novamente, assim como a dele. Dominique acreditava que eles tiveram mais de uma vida em comum, talvez como ciganos ou celtas, no entanto, a vida que gerou a ligação cármica era uma vida urbana, do início do século passado, talvez.

Ela já havia se submetido a mais de uma sessão de cura para limpar tudo isso. Apesar de já estar há um ano com o relacionamento encerrado, não conseguia se desligar emocionalmente dele. Parecia uma obsessão. Havia um sentimento que ela achava que era de amor, mas nem sempre amar significa que as pessoas ficarão bem juntas. Ela não queria prejudicá-lo espiritualmente com esse vínculo em aberto. Se não se acertaram em vidas passadas nem na atual era hora de desapegar com toda a força de sua alma, mas ela não conseguia.

A morte repentina e traumática da Pitoca causou-lhe uma dor tão brutal que quando recebeu a mensagem dos anjos percebeu que não tinha mais aquela ligação forte com seu ex e que essa dor emocional havia desaparecido por completo. Sentia como se a Pitoca tivesse se sacrificado e levado com ela essa corrente que a aprisionava a ele. Perceber isso fez com que ela sentisse ainda mais culpa pela morte da cachorrinha. Dominique já carregava a culpa de estar com ela solta na rua na hora do acidente e agora sentia como se ela tivesse se sacrificado para libertar a alma da tutora.

O processo de libertação da culpa foi gradual, dia após dia. O que fez de imediato, logo que conseguiu, foi parar de chorar por causa dela. Dominique sabia o quanto isso a prejudicava no plano espiritual. E conseguiu.

Cerca de seis meses depois do desencarne dela, numa tarde de domingo, Dominique estava sentada na varanda, olhando as árvores pela porta envidraçada. Num momento em que não vigiou sua mente, a saudade veio com tudo e pegou-a de jeito. Ela desabou a chorar de saudade da Pitoca. Surpreendeu-se consigo mesma, pois foi muito repentino e espontâneo. Naquele momento, ela entendeu que ainda não tinha chorado tudo o que precisava. Deixou fluir por alguns minutos e voltou ao seu eixo, pedindo desculpas à Pitoca e se recompondo.

Capítulo 13

O GENITOR

O ano é 2022.

O Alfredinho, cachorro de Dominique, correu para a rua quando o portão foi aberto. Seu pai ficou furioso por causa disso, pois o chamou e ele não voltou. Dominique sugeriu a ele que saísse de carro atrás dele que num instante ele voltaria (era um cachorro-gasolina). Indignado, seu pai respondeu que não iria atrás dele coisa nenhuma, que se o cachorro fosse dele daria "uma camaçada de pau" para ele aprender.

Agora quem estava muito indignada era ela. Respondeu ao pai que isso não adiantaria de nada porque o cachorro nem saberia porque estaria apanhando, mas ele retrucou: "Sabe sim e blá blá blá". Ela não escutou mais nada, entrou no carro e foi atrás do cachorro, que estava a cerca de 30 metros de casa. Dirigiu apenas um metro e ele correu para dentro do carro. Deixou o veículo na rua para o pai usar e levou o cachorro de 15 quilos nos braços para dentro de casa. Alfredinho não era adestrado para ficar dentro dos limites do portão, mas isso não justificava, de maneira alguma, espancá-lo.

Nas vinte e quatro horas seguintes não dirigiu a palavra ao pai, tamanha a revolta que estava. Ficava pensando como tiraria aquele monstro de perto de seus animais. Pensou em construir uma casinha para ele na outra extremidade do terreno e cercar de forma a isolá-lo até das gatas, mas percebeu que era mais sério do que isso, que ela precisava dele em propriedade diferente da sua, nem que para isso precisasse alugar um lugar para ele morar no futuro próximo. Seria melhor para os dois.

Seu pai surrou os filhos e sua mãe os surrou mais ainda. Aquela ideia bruta, que acredita que é espancando que se educa uma criança ou um animal, é a deles. Na verdade, não educa, amedronta e enche a pessoa de raiva e de traumas, mas eles jamais admitiriam isso, pois também foram educados assim e acreditavam ser o certo.

Dominique já havia sentido muita raiva de sua mãe. Parou de sentir isso quando foi parar em um terapeuta pela primeira vez e entendeu que isso fazia mais mal a ela do que à própria mãe. Muito mal, aliás. Mais alguns anos se passaram até que entendesse que deixar de sentir raiva não era o mesmo que perdoar. Entrou, então, num novo tempo de aprendizado, um tempo bem longo, a propósito, no qual entendeu que deveria aceitar os pais como eram. Às vezes, no entanto, ainda se revolta com as derrapadas feias deles.

Seu pai já havia batido na Kiara, sua cachorra, em 2020, enquanto ela viajava a trabalho. A Kiara e o Flock brigavam pela liderança da matilha. Ele mesmo contou da surra quando Dominique retornou de viagem e ela ficou furiosa e o proibiu de tocar em seus cães.

Semanas depois, um dos vizinhos comentou com seu pai o quanto a Kiara sempre gostou dele. Desse dia em diante, o pai de Dominique começou a tratá-la melhor.

Capítulo 14

DOMINIQUE E AMORA

Em janeiro de 2020, Dominique levou a Amora, uma cachorrinha abandonada na praia onde mora, para a casa da sua mãe, a pedido dela, pois sua cachorra havia falecido havia três meses. Ela dirigiu 351 quilômetros com a Amora sentada no banco do carona. A cadelinha não latiu, não se impacientou, de nada reclamou. Era uma verdadeira lady. Na mesma viagem levou também um casal de gatos siameses, adotados.

Sua mãe nunca foi de acariciar os cães. Fazer carinho era fazer com o pé, sem tirar o calçado. Dominique pegava a Amora no colo, fazia carinho na barriga dela e ela relaxava, largando seu peso descomunal em cima dela. Ela é uma vira-lata preta, de pernas curtas, e muito pesada.

Dominique sentia muita dó da Amora por ela não ter colo, nem carinho, nem poder entrar na casa e ficar no sofá, de onde, provavelmente, um dia, jogaram-na para a rua. Pela educação dela parecia ser uma cachorra criada dentro de casa por uma pessoa calma. Talvez sua tutora tenha morrido e os filhos a abandonaram ou sabe-se lá o que aconteceu.

Amora havia sido castrada, por ação de duas protetoras locais. Na casa nova ganhou casinha, cobertinhas, roupinhas e comidinha. Às vezes, rosnava para sua nova tutora. Não aceitava o uso da guia e por isso nunca foi vacinada (isso chateava muito Dominique).

Dois anos da Amora na família e Dominique já tinha ouvido, algumas vezes, que sua mãe não a queria mais. Dominique ficava indignada todas as vezes, pois não aceitava as justificativas da mãe. Na primeira vez, disse que no dia seguinte estaria lá para pegar ela de volta, então sua mãe respondeu que não conseguiria mais doá-la e ficou tudo por isso mesmo. Na segunda vez, ficou tão indignada quando a mãe disse que colocaria a Amora na rua que apenas respondeu "Então larga" (com o coração na mão), e o assunto morreu ali mesmo.

Dessa vez, a Amora tinha matado um franguinho recém-nascido. Ela já tinha mordido a cabeça de um ganso e mordido feio a outra cadela porque pensou que ela roubaria o seu osso. Dominique disse à mãe que era instinto de caça, citou o exemplo da cachorrinha de sua vizinha, que tinha matado muitas galinhas quando foi para um sítio. Sua argumentação de nada adiantou. A mãe insistia para que a Amora fosse levada embora, justificando que a cachorra gostava de Dominique.

Dominique teria cinco dias de férias em outubro de 2022 e havia combinado de ajudar na mudança da mãe para um sítio. Seu plano era dar banho na Amora, colocá-la no carro e levá-la para sua própria casa, onde havia um pátio de 12m², quando poderia morar no sítio. Seu chacra cardíaco doía, pois sentia a Amora rejeitada tal qual ela própria tantas vezes se sentira em relação à mãe. Ficou pensando em quanta rejeição a Amora passou na vida quando foi jogada na rua e também na casa da mãe de Dominique. Quando a dor no peito passou, a decepção com a mãe tomou conta. Não tinha mais vontade de ajudá-la na mudança, queria só pegar a Amora e ir embora. As duas rejeitadas viveriam melhor com o mínimo de contato com ela.

A verdade é que a mãe de Dominique nunca curou as feridas de sua alma, tinha dentro de si uma criança ferida, muito ferida. Dar amor era dar casa e comida. Não sabia dar atenção, nem carinho, nem palavras amorosas e, às vezes, não conseguia dar nem a si mesma. Precisava das cachorras para cuidarem da casa, mas era incapaz de recompensar com amor físico. Não sabia o que era isso, pois também não o tivera em sua infância e adolescência, passado de casa em casa de parentes para poder estudar. Trabalhava para pagar sua estadia e muitas vezes apanhava e nem sabia o motivo. Pensou em fugir várias vezes. A avó materna de Dominique mandou sua filha para a cidade para estudar porque não queria que ela fosse analfabeta como ela, pois onde eles moravam a escola era inacessível. Assim sua mãe cresceu, sem amor e sem carinho. Não conhecia essa linguagem, então como poderia doar?

Dessa vez a mãe de Dominique estava falando sério em se desfazer da Amora. Não se dera conta de que criar duas cadelas, dois gansos e galinhas em terreno pequeno não era o ideal. A culpa sempre era da hostilidade da Amora. Agora que ela teria espaço no sítio ela estava sendo excluída.

Na época, Dominique já tinha cinco cães e havia demorado para adaptá-los. Agora, levando mais uma cachorra para casa, as dela iriam querer comer a intrusa e sua mãe ainda complementava dizendo: "Bem feito se pegarem ela. É bom para ela ver como é ser mordida. Ela vai ficar com o rabo entre as pernas de medo".

A Amora era acusada de ser hostil, mas espelhava a própria tutora. Dominique passou o resto do dia triste.

Seu pai e sua mãe são duas das milhares de pessoas não curadas que descarregaram sua dor interior, sua raiva da vida, nos filhos e nos animais. Mas não fique com raiva deles. Raiva só atrai mais raiva para quem a sente. Esta história não estaria sendo contada se as curas já não estivessem em processamento, o que, aliás, é um "trabalho de formiguinha", diário, minucioso, constante e, às vezes, pesado e bem longo, mas estamos todos aqui para evoluir.

Demoramos muito para acordar para as coisas erradas que fazemos, no quanto culpamos os outros por aquilo que está bagunçado dentro de nós. Depois, quando finalmente despertamos, dói ver o estrago e a dor que causamos, em especial em nossos filhos e em nossos animais de estimação. No estágio seguinte começa a doer ainda mais, quando vemos esse mesmo mal acontecendo em outras famílias. A dor de Dominique era a rejeição. Qual é a sua?

Capítulo 15

A GENITORA

Se você tem raiva, você tem uma dor na alma. Se você tem medo ou tristeza, também.

Seja qual for a sua dor, existe cura para ela. Não mudamos o passado, mas podemos ressignificar o que aconteceu. Existe um aprendizado em tudo o que nos acontece. Quando entendemos e reconhecemos isso a dor se vai e fica a lembrança, indolor. Conseguimos, enfim, viver em paz com nosso próprio coração.

Talvez algumas pessoas nunca venham a ter consciência do mal que fazem aos outros e a si mesmas. Não podemos mudá-las, mas podemos tentar entender a dor delas. Cada ser tem seu próprio processo evolutivo, uns mais lentos, outros mais rápidos, depende do emaranhado de cada um, tanto sistêmico quanto espiritual.

Dominique havia batido na Malu, a cachorrinha de seu filho, em 2002. Malu havia feito cocô em cima da cama e ela ficou furiosa. Quando viu seu filho encolhido num canto, com as mãos nos ouvidos para não ouvir os gemidos da cachorrinha apanhando, seu mundo caiu. Sentiu tanta vergonha de si mesma que desejava esconder-se para ocultar o monstro que pareceu ser. Sentiu muito pelo que fez com ela e com ele. Nunca bateu em seu filho, mas fez isso com a cachorrinha que ele amava.

A Malu não teve uma vida maravilhosa como os cães que vieram depois dela. Ela foi a primeira cachorrinha da vida na vida adulta de Dominique. Trabalhava o dia todo e todas as noites ia para a faculdade e por isso quase não tinha tempo para ela nem para Pietro. Fugia desesperadamente da dor de sua alma mantendo-se ocupada demais. Repetia, de forma inconsciente, os mesmos padrões familiares em que havia sido criada e que tanto repudiava. Habitava em sua alma um acúmulo transbordante de rejeição, tristeza, mágoas, ressentimentos, raivas, ódio e inseguranças, sentimentos tóxicos que prejudicavam poderosamente sua vida. Talvez o pior de todos esses sentimentos fosse a rejeição, por ser algo capaz de destruir qualquer felicidade que alguém possa ter na vida. Um complexo de rejeição não curado é a areia sobre a qual tudo na sua vida é construído.

Existia um monstro dentro de Dominique. Às vezes, ele tentava sair. Ela reconhecia sua existência. Se ela o excluísse, fingindo que ele não estava ali, estaria desonrando os momentos em que ele a fez perceber que sua alma estava num lamaçal. A força tem luz e sombra em todos nós e se sobressai aquilo que alimentamos mais.

Amora estava morando no sítio e um dia correu até uma propriedade nas redondezas, desobedecendo o chamado para retornar para casa, e acabou matando uma galinha de outra pessoa. A mãe de Dominique levou-a para casa com muita raiva e descarregou sua emoção surrando a Amora três vezes.

A própria mãe de Dominique contou a ela das surras. O monstro interior de Dominique arrebentou a jaula e saiu, enfurecido de raiva contra sua mãe. Ela ficou mal, muito mal. Não sabia dizer o quão alto o monstro da raiva voara. Mas nada adiantava dizer, pois mais uma vez sua mãe estava cega de raiva da Amora. Se a distância não fosse de 329km, Dominique teria ido buscá-la. Pegaria a Amora, colocaria no carro e nem dirigiria o olhar para sua mãe.

Ela já havia sentido raiva de seu pai por causa do Alfredinho. Agora, a raiva era de sua mãe por causa da Amora. Sabe qual foi o resultado dessa raiva toda? Escassez financeira! Dominique esqueceu-se da hierarquia familiar natural, acabou com o equilíbrio e rasgou o amor ao meio quando julgou e desonrou, internamente, seus pais. Segundo as constelações familiares, só tem sucesso e prosperidade quem honra aqueles que lhe deram a vida. Os animais eram a desculpa que o inconsciente de Dominique tinha para trazer à tona o que ela sentira, quando criança e adolescente, todas as vezes em que seus pais a surraram, em especial sua mãe, que temperava as surras falando coisas horríveis.

É um trabalho árduo separar o homem que habita no pai e a mulher que habita na mãe. O pai e a mãe nos deram a vida e merecem toda a nossa honra, mas, às vezes, revoltamo-nos contra os humanos imperfeitos que são e tudo vira uma bagunça na nossa vida.

Capítulo 16

AS PULGAS MAIS DIFÍCEIS DA HISTÓRIA

A Amora precisaria estar livre de pulgas para ir morar com Dominique e foi aí que a novela começou. Ela pediu para sua irmã comprar um medicamento para pulgas, pelo qual pagaria. A mãe disse que ela mesma compraria, mas achou o medicamento caro. Dominique sugeriu outro, mais barato e de curta eficiência, mas sua mãe considerou um desperdício dar esse se depois ela iria tomar o outro, mais caro. Disse que não tinha tempo para sair para comprar. Dominique disse que compraria pela internet e mandaria entregar. Sua mãe alegou que assim não poderia sair de casa nem para comprar pão esperando o remédio chegar. Depois culpou a Amora, dizendo que se ela aceitasse o banho jamais haveriam pulgas naquela casa. Dominique alegou dor de cabeça e retirou-se da conversa, totalmente sem pé nem cabeça, e que sempre acabava em crítica à Amora.

A verdade é que Dominique não conseguiria cuidar da Amora à distância e precisava se conformar com isso, mas ela não conseguia parar de sentir tristeza. Você já sentiu tristeza por muitos dias seguidos? É uma energia muito baixa, a pessoa vai perdendo a esperança, é uma coisa horrível.

Dominique sentia que iria adoecer, mas isso não ajudaria em nada sua vida, muito menos a vida da Amora. Tinha receio de que seus animais de estimação adoecessem devido à baixa energia em que vibrava. Precisava curar suas emoções.

A Amora tinha um ponto interno da cirurgia de castração que fincava sua pele, às vezes, furando-a. Certamente havia uma dor permanente ali. Alguém é bem-humorado sentindo dor? O relacionamento de Dominique com sua mãe tinha uma dor latente há décadas.

Cada pessoa tem uma forma de se sentir amada. Dominique sentia-se amada com presença de qualidade e com elogios, o que não teve na infância e na adolescência. A Amora também não tinha. Talvez fosse por isso que sentisse tanto o sofrimento da cachorrinha. Dominique e Amora pareciam ser uma.

Sentiu, mais uma vez, que precisava curar suas emoções em relação à mãe, curar essa tristeza horrorosa e libertar a Amora desse fardo sistêmico. Quem sabe assim sua mãe pudesse até começar a vê-la com olhos mais amorosos e até ficar com ela. Ativou um tratamento energético em si mesma para curar seu relacionamento com a mãe. Mal começou e a energia já veio forte, parecia que esperavam que ela fizesse a ativação. Achou que para se curar teria que chorar toda essa dor da rejeição que estava sentindo, mas a tristeza foi embora de forma amorosa e gentil. Durante toda a cura fez comandos sistêmicos, devolvendo à mãe o que era dela, agradecendo por ter aceitado ser sua mãe e dizendo: "Eu sinto muito, te amo, sou grata".

Se, no final das contas, as pulgas fossem com a Amora para dentro do carro, paciência. Depois Dominique resolveria isso. Simplesmente não tinha mais saúde para gastar com as conversas sem sentido sobre o remédio.

No final de fevereiro de 2023, sua gatinha, Shanti, foi castrada. Na noite anterior, Dominique fez um tratamento energético preparatório nela. A energia estava fortíssima e resolveu doar também aos outros animais da família. Viu seres de luz, anjos, ao redor da Mel, a outra cachorrinha de sua mãe. A Amora fora cercada por três anjos e gemia e chorava na presença deles como se tivesse sido reencontrada depois de muito tempo abandonada.

Alguns dias depois, revendo algumas frases sistêmicas, deparou-se com uma que adaptou para si: "Mãe, eu te vejo com bons olhos. Eu sei que você faz o que pode". Escreveu num papel e o colou na parede para reler todos os dias. Fazer o que pode significa muito mais do que querer, significa fazer o que pode dentro do emaranhado sistêmico e espiritual em que cada pessoa se encontra. Muitas vezes sabemos que precisamos mudar, sabemos o que devemos fazer, mas simplesmente há algo maior do que nós que não deixa isso acontecer, que parece nos prender no mesmo lugar, bloquear a mente e impedir a ação. Durante décadas Dominique sentiu-se assim.

Descobriu, num atendimento de apometria, em dezembro de 2021, que estava cheia de chips na cabeça e alguns pelo corpo, todos de autoria dos reptilianos, que nunca aceitaram ela ter se revoltado contra sua própria espécie. Mesmo essa encarnação tendo ficado para trás, ainda a queriam de volta, mas agora ela era, finalmente, uma trabalhadora da luz.

Chorou muito quando soube da sua origem reptiliana. Isso explicava muita coisa. Nunca havia entendido porque algumas pessoas eram pura luz e amor e ela sentia tantas coisas ruins. Quando conhecemos ou reconhecemos nossas origens, tanto carnal quanto espiritual, podemos compreender melhor porque somos do jeito que somos e direcionar as mudanças que queremos fazer na vida.

Não se muda um temperamento, mas tendo ciência de que a bomba vai explodir e que vai causar muitos prejuízos, podemos tentar evitar que o pior aconteça. Se eu sei que a palavra fere, vou me abster de falar. Se a raiva consome, vou tentar sair desse lamaçal o quanto antes.

Numa mensagem que recebeu dos anjos, canalizada por outra pessoa, eles a orientaram a limpar a raiva ancestral, buscando canalizá-la e permitindo-se sentir. Achou estranha a parte do sentir, pois naquela época (2020) ela ainda achava que não se devia sentir emoções ruins, que elas deviam ser evitadas, controladas, banidas, ignoradas. Eles, no entanto, tinham razão, pois quando o DNA físico e espiritual está cheio ele precisa ser esvaziado, mas isso não significa, de maneira alguma, dar vazão ferindo quem quer que seja. É um esvaziamento solitário.

Ela ainda se cobrava quando sentia raiva, pois tinha consciência de que essa vibração traria prejuízos sistêmicos, energéticos e espirituais. Talvez ainda precisasse ser mais canalizada, mas já estava durando muito menos do que antes. Conforme a raiva vai saindo a sabedoria vai ocupando o espaço e isso é muito bom!

Capítulo 17

O SUMIÇO DA ÁGATHA

Dominique estava programada para viajar no sábado, dia 8 de outubro, para ajudar sua mãe a transportar seus bichos para o sítio. Por motivos diversos, a mudança foi transferida para o sábado seguinte, então decidiu ficar em casa e só viajar na terça ou na quarta-feira.

Na manhã desse sábado, ao acordar, sentiu falta de uma de suas gatas. Quando o despertador tocava, os cães sempre iam até a porta de seu quarto para poderem entrar e pular na cama, assim como a gata Ágatha, que ficava esperando para dar sua miadinha e ganhar carinho. Dominique achou estranho ela não estar ali. As horas foram passando e ela esperando a gata aparecer, já bastante apreensiva, pois ela não costumava sumir por horas seguidas. Tentando se distrair, viu no Instagram que estava para adoção um gato branco, com um olho verde e outro azul. Ele era o gato branco dela!

Mandou uma mensagem para a dona do gato, já perto do meio-dia. Ela nem tinha certeza de que ainda estava disponível para adoção, mas sabia que ele era o seu gato. Mentalmente, perguntou ao Universo que nome deveria dar ao gato branco e antes mesmo que pudesse colocar o ponto de interrogação no final da frase a resposta veio: "Que nome devo dar ao meu gato branco Johann?".

O nome dele seria Johann. Era o mesmo sobrenome de uma pessoa conhecida e que sempre considerou lindíssimo. Pesquisando, encontrou o seu significado: agraciado por Deus, cheio de graça.

Quando sua primeira gata chegou, a Jade, foi a mesma coisa. Ela já tinha o nome havia meses, mas não tinha a menor ideia do porquê, pois não tinha a quem dá-lo, nem ao menos planejava adotar um novo animal. Quando a pretinha mais linda do mundo chegou, o nome já estava escolhido.

Comunicou-se com ele perguntando se ele queria ser o seu gato, já o chamando de Johann. Ele disse que sim. A ex-tutora ofereceu-lhe mais um gato branco, de olhos verdes, dizendo que sempre foram companheiros, mas Dominique decidiu ficar só com Johann e comentou isso com ele numa nova comunicação. Ele disse que por ele estava tudo bem ir somente ele para a casa dela. Ela estava tranquila quanto a adotar apenas um deles, pois não tinha sentido conexão com o outro gato.

Os gatos brancos sempre assustaram Dominique devido a sua energia e elevada espiritualidade. Sentia como se não estivesse pronta para ter um. Enquanto a maioria das pessoas fica receosa com o gato preto por conta de superstições sem sentido, essa tinha sido a sua primeira escolha – a Jade, sua panterinha negra.

Dominique saiu de casa sem dizer ao pai que iria buscar mais um gato, pois sabia que ele a criticaria, na cara ou pelas costas (como realmente fez), mas gostou do gato, ou fingiu que gostou.

No final da tarde, nervosa, saiu com sua cachorra Kiara para procurar Ágatha nos terrenos baldios perto de casa, mas não a encontraram. A noite desse sábado foi tensa, cheia de pesadelos em relação à Ágatha. Dominique quase não dormiu. O gato Johann estava com ela no quarto, miava o tempo todo, certamente estranhando o novo ambiente e aquela energia tensa. Ela fazia muito carinho nele e pedia desculpas por não estar bem por causa do sumiço da Ágatha. Ele só se acalmava e dormia com a cabeça ou as patinhas apoiadas na mão dela. Parecia precisar de uma mão amiga dizendo que estava tudo bem. Um dia, contando essa história, alguém disse que talvez fosse o contrário, que era ele quem a acalmava naquele momento.

Johann era um gato enorme, dengoso e carente, que só parava de tagarelar quando dormia. Aliás, no domingo, dia seguinte a sua chegada, ele dormiu pesado quase o dia todo, em cima do roupeiro.

No domingo de manhã, já completamente tomada pela angústia, Dominique não tinha a menor concentração para nada. Ela pediu ajuda no grupo de terapeutas do qual participava. Algumas horas depois, uma delas fez uma comunicação com a Ágatha. Disse que a viu bem distraída com alguma coisa e que não lhe deu muita conversa, mas pelo menos Dominique sabia que ela estava viva, embora apreensiva por não saber onde encontrá-la.

A comunicadora também comentou que a Ágatha não sabia voltar para casa de onde estava, um local onde havia uma casa vazia. Nisso, a Shanti, a outra gatinha de Dominique, veio muito à tela mental de sua colega, que disse ter sentido a presença de filhotes de gatos perto da Ágatha. No entanto havia a suspeita de que a Shanti estivesse grávida, pois ela havia dado umas escapadas durante o cio. A comunicação foi encerrada com o envio de energia para a casa de Dominique, para que Ágatha sentisse a energia e soubesse como voltar. A intuição era de que ela estava bem perto de casa.

Durante o domingo, Dominique saiu três vezes para procurar Ágatha no bairro. A ansiedade dominava-a cada vez mais. Fez o mesmo na segunda e na terça, e nada. Sua coluna lombar e suas articulações estavam dilaceradas pela tensão.

Capítulo 18

MAIS UM CÃO

As férias de outubro ainda estavam de pé, pois todos os dias eram "O" dia em que a Ágatha voltaria para casa.

Doía muito em Dominique ver sua mãe fazer planos de irem juntas comprar flores, árvores e sei lá mais o que, toda empolgada, enquanto ela sofria calada devido ao desprezo da mãe pela Amora. Simplesmente ela via tudo cinza.

Ficou pensando em tudo o que a Amora poderia significar em sua vida. Ela teria que sustentar mais um animal de estimação, adaptar mais um junto aos outros, seriam semanas ou meses de confusão, em especial com Kiara e Sissi, as cachorras mais territorialistas.

Pensou que todo esse movimento de incluir um novo animal em casa poderia fazê-la refletir sobre o trabalho no abrigo de cães e de gatos que pensou em um dia montar. Tudo isso a fazia recomeçar a cocriar o sítio e mais dinheiro em sua vida para poder colocar o abrigo em prática, afinal, a quantidade de animais não parava de aumentar.

Ela queria tudo isso e um amor, alguém que pudesse compreender seus sonhos e sua forma de viver e apoiá-la, ajudando, inclusive, no cuidado com os animais. Ela precisava de alguém para ajudar a expandir, a evoluir e a ver grandes resultados em tudo. Não queria mais fazer tudo sozinha, queria amar e ser amada de todas as formas possíveis. Tantas coisas em andamento, nada concluído. Realmente, ela precisava de ajuda, de amor, de dinheiro e de apoio.

Dominique sentiu que, naquele momento, era melhor desligar-se da viagem para a casa da mãe e da dor da rejeição pela Amora, e também da cirurgia pela qual seu pai talvez tivesse que se submeter nos próximos meses. Ela estava envolvida demais com os problemas alheios e mais uma vez se deixando por último na fila das prioridades.

Você já percebeu como sofremos muito por antecipação, que quando chega a hora de aproveitarmos não curtimos mais nada? Chegamos adoecidos, pois só o que conseguimos até ali foi perder energia e saúde. Ela precisava dar um basta e voltar aos seus projetos. A Amora já tinha sua casinha, feita pelo seu pai, no pátio dos fundos, onde ela moraria. O resto seria viver um dia de cada vez, inclusive a própria Amora.

No fundo, no fundo, ela ainda tinha esperança de que a doida de sua mãe mudasse de ideia e ficasse com a Amora. Seria menos pesado para ela, mas, ao mesmo tempo, continuaria sendo pesado para a Amora e ela não merecia mais isso. Ficou pensando nas palavras que seu pai lhe dissera um dia, de que era bonito ela querer ajudar os animais, mas que não poderia ajudar a todos. Ele falou do aspecto físico e talvez tivesse razão, mas energeticamente e espiritualmente ela sempre poderia.

Sobre as férias de outubro, Dominique não viajou por causa da Ágatha. Nem nas longas férias de janeiro, porque não tinha quem cuidasse dos seus animais. Seu pai não podia ir e ela não tinha dinheiro para pagar alguém, e mesmo que tivesse, deixá-los sozinhos com cobras, aranhas e marimbondos por perto era arriscado.

Capítulo 19

A ARCTURIANA

Segunda-feira, 10 de outubro. Terceiro dia sem a Ágatha. A ansiedade e o nervosismo corroíam Dominique. Do grupo de terapeutas, uma delas fez uma cura arcturiana nela, tendo em vista seu estado geral decaído. Muitas imagens multidimensionais surgiram. A terapeuta relatou que Serapis Bey estivera presente, limpando a energia de Dominique que, aliás, aparecera no Egito. Lá, Anubis retirara muita energia escura dela. Os arcturianos também retiraram um implante acima de seu olho direito. Enquanto a cura continuava, a terapeuta vira uma enorme cobra verde atrás de Dominique, mas não soube identificar o sentido dela ali. Sua cliente, no entanto, sabia que ela era uma guardiã, pois tinha enorme carinho e proteção pelas cobras verdes desde criança, pois nunca a morderam, mesmo quando distraidamente pisava nelas.

No dia seguinte, Dominique acordou feliz, lembrando-se da mensagem que havia recebido durante a cura arcturiana: *"O que você procura está em você. A sua fuga e o seu medo transportam-se para os seus animais. Ela está bem, só com medo, e preocupada com você. Toda vez que vier pensamento de fuga faça uma prece, transmute sua vibração. O aprendizado vem das dores. Fugir não é a solução. Aceite mais as situações da vida. Tudo passa, o tempo passa, depois é tarde demais. Olhe-se, veja-se, ame-se, respeite-se. Todas as respostas estão dentro de você. Olhe para dentro e veja-se. Transborde o seu amor, essa beleza que você aprisiona. Nem tudo é como você imagina ou quer que seja. Tudo é um ciclo que tem começo, meio e fim. Perdoe a si mesma. Ame a si mesma e ame quem está ao seu redor. Amor, amor, amor. O amor está dentro e em volta de você. Encare o amor, saiba amar, deixe-o fluir. Desamarre esses nós que estão dentro de você, entregue-se, flua e viva com leveza de espírito. Divino é quem ama. Divino é quem doa. Divino é quem faz. Divino é quem merece a vida"*.

Às segundas-feiras, Dominique sempre participava de um grupo de cura gratuito doando energia para os animais. Mas naquela segunda-feira ela não participou, não tinha a menor condição. À noite, uma das terapeutas relatou sobre a potente energia que fora enviada a Ágatha – energia de proteção de fontes diversas, como a estelar, a energia xamânica, a dos índios e a das matas. Relatou que sentiu a energia vital dela, ouviu sua respiração e seu miado, o que tranquilizou muito o coração de Dominique.

Na terça, dia 11, continuou ativando o código Grabovoi para encontrar animais perdidos, nas buscas pelo bairro, mas talvez não estivesse emanando a vibração correta para ele funcionar, pois estava agoniada demais para fazer qualquer coisa que dependesse de foco. Nesse mesmo dia, uma das terapeutas de seu grupo sugeriu que fosse feito um movimento sistêmico. Durante esse atendimento, Dominique conseguiu sentir o que a Àgatha sentia. Já era o quarto dia dela fora de casa e, então, ela começou a sentir saudades e a querer voltar. A terapeuta sugeriu que os chacras cardíacos das duas fossem conectados durante o exercício, por meio de um cordão dourado, e Dominique conseguiu sentir sua gata perto de si. Também recebeu a sugestão de ativar um pilar de luz em sua casa para que sua peludinha soubesse para onde voltar.

Dia 12, quarta-feira, feriado nacional. Uma amiga entrou em contato dizendo que havia recebido a informação espiritual de que a Ágatha estava presa numa casa branca com janelas azuis. Essa amiga e mais outra foram até a casa de Dominique e as três rodaram o bairro todo procurando essa casa, mas a única que encontraram era branca com janelas e portas brancas com bordas azuis. Quando essa função acabou e as amigas foram embora já eram 14h30. Somente então Dominique viu as mensagens que outras duas terapeutas do grupo tinham enviado.

Naquela manhã, uma delas havia mandado energia para ela e para Ágatha e disse que a tinha visto no colo de uma menina, que a abraçava, enquanto as duas estavam envolvidas em muita luz dourada. Ela disse que sentiu a energia de Dominique nessa visão. Às 13h, a outra terapeuta havia mandado uma mensagem dizendo que tinha entrado em contato com Ágatha, que disse ter se perdido energeticamente e que isso fazia parte do processo de ambas, tutora e animal. Indicou que Dominique deveria constelar o fato de se sentir perdida e enviar grandes pulsos de energia, como se ela e a casa fossem um farol, pois com esses pulsos Ágatha sentiria a energia. Por fim, pediu que Dominique ativasse o seu dragão pessoal para que ele sobrevoasse a casa e ajudasse a gatinha a localizar o caminho de volta. E complementou dizendo que era o mesmo dragão que ela já tinha visto em sua casa, que ele era bem grande e que poderia ajudar.

Dominique nunca tinha ativado o seu dragão. Ela o vira uma única vez, espiando pela porta da cozinha. Ele era tão grande que somente o seu olho cabia na largura da porta. Tinha pele de cor escura e olhos levemente avermelhados. Isso aconteceu em uma cura coletiva para os animais, à distância, no grupo do qual participava. A energia de Kuan Yin estava muito presente nesse dia. Ela perguntou à terapeuta como ativá-lo e fez conforme a orientação recebida.

Nos dois dias seguintes, Dominique sentia que o dragão estava lá, voando ao redor do pilar de luz que ela intencionava que fosse ao infinito do céu para que a Ágatha o visse.

Capítulo 20

A CONSTELAÇÃO

Dominique já havia sido constelada várias vezes ao longo da vida, inclusive enquanto fazia sua formação em constelação familiar com cavalos, mas dessa vez era diferente. Entrou em contato com a terapeuta do grupo que participava e que era consteladora e pediu urgência para fazer a constelação que a Ágatha havia sugerido. O tema acabou sendo o amor.

Na constelação apareceu que Ágatha estava muito ligada à criança interior de Dominique, que ligou isso à visão da outra terapeuta, que tinha visto a gatinha no colo de uma menina com a energia de Dominique. Ambas tinham a mesma dificuldade de receber e de dar amor nos relacionamentos, mas se esforçavam. No dia a dia, a peludinha já permitia que Dominique desse umas beijocas em sua nuca, sem arranhá-la, desde que a estivesse segurando de determinada forma. Ágatha sempre ouvia que ela era a gatinha mais linda do mundo. Às vezes, era chamada de "minha ovelhinha", de tão peluda que era. Dominique adorava quando ela dormia, pois podia tocar levemente sua barriga cheia de pelos bem branquinhos. Ambas aceitavam um pouco de carinho e amor, mas da parte de Ágatha logo vinham as mordidas e os arranhões, não sabendo demonstrar com delicadeza que já era o suficiente.

Durante a constelação aconteceram muitos momentos de choro e de risadas. Por incrível que pareça, Dominique não apenas sentiu o que cada pessoa ou animal ali representado sentia, mas também viu os bonecos fazendo os movimentos sistêmicos, e foi a primeira vez que isso aconteceu.

Incluindo Ágatha, ela era tutora de quatros gatos (Jade, Àgatha, Shanti e Johann) e de cinco cães (Pitty, Flock, Kiara, Sissi e Alfredinho). Ela já havia feito uma autoconstelação para entender o motivo de ter tantos animais, pois a cada seis meses, em média, adotava ou recolhia mais um da rua. A resposta veio dos abortos, conscientes ou inconscientes, de seu sistema familiar.

Quanto fez as inclusões, sentia que incluía a si mesma, que ela própria começava a pertencer. No entanto, na constelação que fazia naquele momento, percebeu que buscava nos animais o amor relacionado à sua criança interior. Sempre sentiu e sempre lhe foi mostrado que a pureza e o amor dos animais são iguais aos das crianças. Para você talvez isso pareça óbvio, mas receber essa informação no meio de uma constelação tem um efeito totalmente diferente na pessoa. Dominique não sabia se pararia de adotar animais, mas desde que tivesse condições financeiras de cuidar bem de todos era o que importava, além de fazer isso numa posição de pessoa curada.

Ainda nesse mesmo dia, uma das terapeutas pediu uma foto do portão da casa de Dominique para conectar a energia da casa à da Ágatha. Além disso, fez um tratamento energético nela e ouviu novamente a sua respiração. Muita energia xamânica foi apresentada nesse trabalho, protegendo sua gatinha linda. Energias de fontes diversas foram usadas. Por fim, a terapeuta disse que quando pegou um incenso de sua caixinha veio o de alecrim e, nesse momento, as energias de benzimento e a energia pessoal de alegria de Dominique apresentaram-se para serem transmitidas à gata e reconectarem-se a ela.

No dia 13, quinta-feira, na primeira hora da manhã, Dominique ativou o pilar de luz em sua casa. Uma das terapeutas sugeriu que ela ativasse o chacra cardíaco do animalzinho que tivesse mais afinidade com Ágatha. Então ela ativou o de sua gatinha Shanti e de seu cachorro Flock. Por intuição, conectou os chacras cardíacos deles e o seu próprio ao de Ágatha com um cordão dourado.

Durante o processo, a cachorrinha Kiara surgiu e conectou-se espontaneamente; depois veio a gatinha Jade, o cachorro Alfredinho e as cadelinhas Sissi e Pitty. Todos se apresentaram para auxiliar. Ágatha não se conectou muito ao Alfredinho, mas ele manteve o cordão direcionado a ela com determinação. Sissi e Ágatha não tinham qualquer conexão, mas a Sissi queria fazer o que os outros faziam, então Dominique ensinou a ela como fazer e ela conectou-se também.

Para fazer tudo isso, pediu autorização e ajuda do anjo da guarda de cada um, solicitando nessas conexões que somente amor fosse enviado e recebido no chacra cardíaco de cada animal. Intencionou que a energia dessa união se conectasse ao pilar de luz da casa, sinalizando para a gatinha com a energia individual de cada um e também com a do grupo.

Capítulo 21

A MESA RADIÔNICA

Na tarde do dia 13, outra amiga ligou e contou de seu sonho, no qual Ágatha estava na casa de um homem. No terreno havia uma espécie de lago e de luzes e Yemanjá cuidava dela. Com essa informação, Dominique mandou imprimir panfletos de "procura-se" com a foto de sua gata, o telefone e o endereço, e saiu falando com muitas pessoas, pedindo ajuda para encontrá-la.

Dia 14, sexta-feira. Uma das terapeutas do grupo fez uma mesa radiônica para Dominique. Limpezas e harmonizações muito profundas foram trabalhadas. Nas perguntas que ela podia fazer, ela perguntou se Ágatha estaria na casa do homem que havia atropelado e matado a Pitoca, sua cachorrinha, havia exatamente um ano. O pêndulo respondeu que sim. Seu chacra cardíaco ficou dolorido com essa resposta, muito dolorido. Aquela tinha sido a única casa em que Dominique não havia perguntado sobre sua gatinha.

Depois da desencarne da Pitoca ela acabou guardando rancor contra ele e toda vez que passava na frente da casa dele seu sentimento não era nada bom. Ela não sentia raiva, mas o ressentimento estava presente. Mas para resgatar Ágatha ela precisava limpar isso tudo, porque só o amor trazê-la-ia para casa.

Quando o atendimento da mesa acabou, Dominique fez uma cura arcturiana em si mesma para limpar o ressentimento em relação àquele homem. Ela precisava de coragem para ir até lá e perguntar por sua gatinha. Então ativou todos os códigos que lhe foram intuídos pelos arcturianos e acabou apagando. Por sua experiência com a energia arcturiana, quando as pessoas são muito controladoras, geralmente elas são induzidas ao sono, pois de outra forma colocam resistência ao processo de cura.

Quando acordou, aquele sentimento ruim no peito havia sumido. Então ela encheu-se de coragem e foi até a casa dele. Agora ela pensava nele como "o senhor que atropelou acidentalmente a

Pitoca" e não mais como "o homem que atropelou e matou a Pitoca". Conseguiu falar com ele como se falasse com qualquer outra pessoa. Quando perguntou se ele tinha visto a Ágatha, mostrando a foto do panfleto, ele olhou para trás da porta e disse: "Essa aqui?".

O coração de Dominique saltou pela boca. Pediu licença e entrou na casa, olhando diretamente para onde ele tinha se abaixado, porém ele apenas pegou o panfleto que ela havia colocado debaixo da porta dele em outro dia. Desilusão, decepção, tristeza e desesperança tomaram conta de Dominique. Ela sentiu como se até a mesa radiônica a tivesse iludido.

Ao chegar em casa e falar com a terapeuta operadora da mesa radiônica, ela disse que para ela a resposta havia chegado como não (para a Ágatha estar na casa dele), mas o pêndulo tinha mostrado que sim provavelmente para que ela passasse por aquele processo de cura. Dominique concluiu que fazia sentido, pois o pêndulo não dera resposta nenhuma quando ela perguntou se aquele senhor devolveria a Ágatha.

Dia 15, sábado. Uma semana sem sua gatinha. Dominique estava tomando florais e recebendo muita energia das terapeutas do grupo e, aos poucos, começava a se sentir mais centrada. Pela manhã, enquanto enviava energia de amor para Ágatha, teve uma visão que parecia ser um rato morto dentro de uma água com vegetação, um banhado ou um lago. Negou insistentemente essa imagem, abrindo e fechando os olhos para que se afastasse. Ativou novamente o cordão dourado e sentiu Ágatha bem pertinho de si, tocando seu rosto com suas patinhas. Havia, no entanto, uma barreira invisível entre elas, parecia que ela tocava um vidro. Em seguida, a imagem da Ágatha e desse animalzinho morto afastou-se da presença de Dominique.

À tarde, baseada na visão do rato morto, deslocou-se até um canteiro de obras, a uns 500m de sua casa, pois sabia que ali havia um lago cheio de vegetação e de animais silvestres, como ratos do banhado, pois já havia encontrado alguns filhotinhos lá. Dominique costumava levar seus cães para passear nesse lugar, quando o local ainda era uma área de lazer para os moradores do bairro. Nenhum dos trabalhadores da obra tinha visto a gatinha por lá.

Ela havia pedido ao seu pai para ir com ela, pois não queria entrar lá sozinha, e ouviu-o comentando com o responsável que, pelo fato de ainda não ter encontrado o corpo da gata, Dominique insistia em procurá-la. O pai não acreditava muito em comunicações telepáticas, mas ela sabia que Ágatha estava viva, por si mesma e por todos os feedbacks que as terapeutas haviam lhe dado até então.

Ela decidiu assistir filmes de comédia para poder amenizar a energia de apego, de sofrimento, de saudade, além do choro que vertia há uma semana e aquela sensação de que sua vida estava totalmente fora dos eixos. Sentiu-se melhor. Ao longo do dia ativou novamente o seu dragão pessoal e sentiu estar mais conformada com toda a situação.

Dia 16, domingo. Uma das terapeutas mandou uma mensagem dizendo que havia enviado energia para Dominique e para Ágatha, em especial a energia de proteção. Dominique comentou com a terapeuta que estava mais calma, mais centrada, e que talvez fosse efeito do floral e de uma pequena fé que nascia de que alguém levaria Ágatha de volta para casa. Na verdade, ela sentia-se estranha, pois não estava mais chorando, e isso fazia parecer que ela não se importava mais com sua gatinha. Coisas do ego, certamente, que adora um drama. A terapeuta respondeu, então, que os seres de luz estavam trabalhando nela o desapego.

Nesse momento, lembrou-se de que no final da constelação sobre o amor ela teve que falar para Ágatha que ela era livre para decidir se queria voltar ou não. Sim, a Ágatha poderia não querer mais voltar. Se Dominique soubesse que sair de casa tinha sido uma decisão dela, aceitaria melhor tudo isso, mas havia a informação de que ela estava presa numa casa. Restava, então, a dúvida se ela voltaria ou não. Ficou pensando se a terapeuta sabia de alguma coisa e não estava contando para não atrapalhar o seu processo pessoal.

Muitas perguntas sem respostas, zero controle sobre os acontecimentos e sobre a decisão da Ágatha de estarem juntas novamente nesta encarnação. É muito melhor desapegar, é mais leve, ajuda a pessoa a voltar à vida, mas Dominique ainda tinha a sensação de que se não dramatizasse não estaria demonstrando amor por sua gatinha. Ao mesmo tempo, sendo Ágatha uma gata, um ser orgulhoso por natureza, poderia não querer voltar justamente porque Dominique estava mendigando isso. Se formos pensar bem é horrível ver alguém mendigando amor e presença, é muita falta de amor próprio.

Capítulo 22

SÃO FRANCISCO

Domingo, 16 de outubro de 2022. Nove dias sem notícias de Ágatha. Dominique nem tinha percebido que já havia passado tanto tempo. Oscilava entre manter a esperança de seu retorno e aceitar que talvez ela não voltasse mais. Precisava continuar com sua vida normal, mas quando a noite caía a tristeza vinha com força total, dolorosa e angustiante. Se não fosse tão tarde da noite, iria até a praia gritar o nome da Ágatha, com todas as suas forças, até não ter mais voz, até a exaustão, para tirar esse nó da garganta.

Durante o dia, Dominique benzeu-a. A energia densa, enviada por sua dor e por seu apego foi aliviada. Benzeu a casa, seus animais, tudo. Por uma hora inteira sentiu a alegria e as bênçãos do alecrim, mas depois caiu na tristeza novamente. Quem sabe um dia ela conseguiria aprender as lições da vida apenas pelo amor e não mais pela dor.

Segunda-feira, 17 de outubro. Primeiro aniversário da morte da Pitoca e o 10.º dia sem notícias da Ágatha. Dominique amanheceu como se não tivesse dormido, parecia uma ressaca da alma. Suas férias haviam acabado e retornar ao trabalho seria bom para ocupar a mente. Decidiu retornar ao grupo de cura coletiva para os animais. Já tinha recebido tanta energia de amor e de cura durante o sumiço da Ágatha que sentia necessidade de emanar para todos os seres um pouco do que tinha em si.

Ela usou somente a energia de benzimento na cura coletiva. Benzeu os animais e os lugares onde existem animais – residências, ruas e mares, tudo e todos, a nível planetário. Benzeu também, é claro, os animais que se perderam de seus donos e que estavam sendo procurados por eles.

Na tarde do dia anterior, uma amiga havia ligado dizendo que tinha certeza de que a Ágatha estava viva e bem, sob os cuidados do homem que ela havia visto no sonho. Chegaram à conclusão de que essa pessoa talvez ainda não soubesse que Ágatha estava sendo procurada e por isso ainda não a tinha devolvido. Nem todo mundo é ligado em redes sociais ou WhatsApp, mas ele podia ao menos ir ao mercado ou olhar os postes de iluminação, não é? Os panfletos com a foto da gata estavam em todos os lugares.

Dominique achou a Oração a São Francisco de Assis para animais perdidos e mudou algumas sentenças para que ficassem positivas, mas sem alterar seu teor, e assim ficou:

"São Francisco misericordioso, peço ajuda para encontrar minha gatinha Ágatha. Com a plenitude de tua compaixão, que ela seja amorosamente tratada e que esteja livre de qualquer cativeiro.

Peço ajuda a ti, São Francisco, padroeiro dos animais, para encontrá-la, em qualquer lugar da Terra.

Em nome de São Francisco, que está presente em toda parte, guia-me com teus olhos para que eu possa encontrá-la.

Cuide para que a Ágatha esteja bem e segura.

Assim já é.

Gratidão, gratidão, gratidão".

Em seu quarto, ajoelhou-se e orou. Depois, sentou-se na cama e falou com o seu dragão. Ele ainda sobrevoava a casa, conforme ela havia pedido, até a Àgatha voltar. Falou a ele o quanto gostaria de lembrar-se de como haviam se conhecido, saber da história deles juntos. Queria vê-lo espiritualmente, saber como ele realmente era e saber do amor de um pelo outro. E agradeceu muito.

Dominique conectou-se às energias estelares, pedindo a presença de todos da egrégora, assim como dos anjos da guarda da Ágatha e dela, para as auxiliarem em sua reconexão e reencontro. Ela queria reativar o pilar de luz de sua casa. Pediu ajuda a Kuan Yin e a Jesus. Ativou o pilar. Ouviu tambores e cantos indígenas, seu corpo arrepiou-se inteirinho. Começou a batucar em sua perna e a cantar, mas, diferente das outras vezes, foram três cantos distintos, que não sentiu que deveria repetir. O arrepio passou e ela concluiu que tinha perdido a conexão.

De repente, sentiu vontade de fazer alguns movimentos. Levantou os braços na vertical e juntou as costas das mãos. Na sequência, começou a fazer movimentos como se tivesse asas e alçando voo. Viu seu dragão. Dominique estava na garupa dele, voando muito alto sobre o seu bairro. Lá de cima ela chamava por Ágatha incessantemente. Lá em baixo, em um determinado ponto, estava ela, olhando para eles. Ela dizia para sua gatinha que agora ela estava livre de qualquer cativeiro, pelo poder de São Francisco de Assis. Segura e livre!

Ágatha foi até eles. Estava na garupa do dragão, bem à frente de Dominique, que a pegou no colo, beijou-a muito, abraçou-a, apertou-a e repetiu o que sempre lhe dizia, o quão linda ela era. Amou-a muito e muito. Estavam os três ali, juntos, no alto dos céus, conectados e felizes. Sentiu muita alegria e a sensação de que sempre estariam conectados daquela forma. Então ela ativou novamente o cordão dourado entre o seu coração e o de Ágatha. Dominique não sabia por quanto tempo poderia ou deveria ficar lá com eles, mas ela devia ter pressa estando com dois seres que amava tanto? Ela disse para Ágatha: "Ali é a nossa casa!".

E sobrevoaram o local para que ela tivesse a referência para onde ir após a libertação do cativeiro. Dominique curtiu mais alguns instantes, bocejou e voltou ao seu quarto, muito feliz.

Capítulo 23

MAIS TERAPIAS

Quarta-feira, 18 de outubro de 2022. Dominique sentia seu chacra cardíaco dolorido. Pedia notícias da Ágatha aos seres de luz todos os dias, qualquer sinal do Universo. Pela manhã, mandou imprimir mais dez panfletos de "procura-se", mas o dia findou e não houve tempo de fazer qualquer coisa com eles.

À tarde, uma amiga ligou para dar notícias de seu cachorrinho, considerado um highlander devido a tantos processos de doença e de recuperação de saúde pelos quais já havia passado. Falaram sobre outros assuntos também e Dominique comentou do seu estado emocional devido ao sumiço de Ágatha. A amiga, então, decidiu fazer uma mesa radiônica e mandar amor incondicional para ambas. Ela disse que viu Ágatha numa casa muito humilde, onde vivia uma idosa, e que ela não estava lá por acaso, pois tinha uma missão com essa senhorinha. Cada movimento que a Ágatha fazia, um pulinho, qualquer coisinha, levava um sorriso aos lábios dessa senhora. Ela comentou que Ágatha era um ser de luz e que estava lá por opção, mas retornaria para a casa delas quando terminasse sua missão.

Dominique ficou extremamente emocionada ao ouvir tudo o que a amiga disse. Sim, a Ágatha podia ser a gatinha mais fofa e mimosa do mundo. Dominique conseguia vê-la claramente fazendo tudo aquilo para alegrar a senhora com quem estava. Era a carinha dela fazer isso. Sentiu muito orgulho de sua peludinha. Muito mesmo! Teve vontade de conhecer essa senhora, de fazer uma visita, de tomar um chá com bolo, de conversar. Talvez ela fosse uma pessoa sozinha no mundo.

Anoiteceu. Seu coração estava leve pela certeza de que a Ágatha voltaria um dia. Sua amiga fez mesas radiônicas com a intenção de divórcio energético (entre Dominique e Ágatha), limpeza e proteção de ambas e da casa, e sugeriu que Dominique fizesse limpeza energética geral. Trabalhou relacionamentos, parte física etc. As intuições que a amiga tinha tido do que deveria ser trabalhado foi muito adequado ao que ela estava passando, em todos os sentidos. Florais, pedras (que ela pegou da praia onde Dominique mora) e cristais, tudo unido à radiestesia. Ambas acreditavam nesse poder.

Quinta-feira. Dominique acordou sentindo-se muito bem, mas ao longo da manhã só estresse: no trabalho, sistemas causando problemas, colega fazendo besteiras na execução das tarefas, outros colegas querendo que ela resolvesse problemas que não lhe cabiam; junto a isso, seus cachorros latindo alto no seu ouvido. Dor de cabeça, é claro. Vontade de fugir. Tudo dentro da rotina de sempre, mas como equilibrar tudo isso? Uma casa maior resolveria tudo? Uma casa separada para seus cachorros? Outra para seu pai? Uma sala de trabalho nessa casa minúscula? Usaria essa sala como sala de terapias também? A Ágatha voltando resolveria tudo isso? Algumas amigas ressaltaram que a gatinha podia ter fugido porque a energia na casa estava pesada. Os animais são muito sensíveis. Os gatos, como tem maior facilidade de fuga, fazem-no; os cães adoecem ou ficam estressados.

Capítulo 24

O DIA 24 NO DIA 23

Na quinta-feira, 20 de outubro, duas amigas começaram a falar sobre comemorar o aniversário de Dominique. A ideia foi legal, mas ela se sentia uma traidora por comemorar qualquer coisa com a Ágatha sofrendo por aí. Conversa vai, conversa vem, acabou aceitando, afinal, precisava honrar o dia de seu nascimento e celebrar a vida, apesar de tudo.

Seu aniversário é no dia 24 de outubro e elas combinaram um piquenique perto do mar, no domingo, dia 23, ela e quatro amigas mais chegadas. Seria um aniversário original e lindo, honrando a natureza, a cara de Dominique essa vibe natural. Havia previsão de chuva para o período da tarde, então elas marcaram para às 11h.

Tudo combinado, mas Dominique ficava pensando: e se me ligarem dizendo que sabem onde a Ágatha está? E se eu não estiver em casa quando ela chegar?

Na sexta-feira, Dominique já sabia que roupa usaria em seu aniversário. Uma blusa e uma saia longa que ela tinha comprado havia uns dois anos e nunca tinha usado. A blusa era branca, tipo cigana, e a saia era rosa pink. Apesar de ainda não as ter vestido, adorava as duas peças e elas eram perfeitas para a comemoração. Com o coração cheio de esperança pelo retorno da Ágatha, organizaram o piquenique de aniversário naquele lugar lindíssimo, o seu preferido na cidade.

Era incrível como o mês do seu aniversário conseguiu ser, mais uma vez, tão turbulento. Chegar ao dia 24 um bagaço emocional era ela escrita. Sempre aquele looping entre o ego, que adora o desespero, e a alma, que sabe que tudo vai se ajeitar, independentemente do desfecho das histórias de sua vida.

Ela iria completar 49 anos. Uau! O número era grande, mas a alma sentia-se jovial, mesmo se olhando no espelho e vendo o rosto já com rugas. Pelo menos seu cabelo não precisava tingir, pois os fios brancos ainda eram bem escassos. Dominique ficou pensando sobre o que havia aprendido até aquele momento e o quanto a Ágatha havia sacudido sua alma e o seu ego, fazendo cair um monte de tralha inútil.

Ela só não queria que a gatinha se sacrificasse por ela, nem sofrendo, nem morrendo. Ela já tinha esgotado a cota de animais sacrificando-se por ela ou talvez já estivesse com o saldo negativo há alguns séculos. Não acreditava que era terapeuta holística de animais por acaso. Em tudo há resgate da alma e nunca se cansava de falar sobre o amor deles por nós.

O que sentia que ainda lhe faltava era tornar-se vegana (já era vegetariana há alguns anos) e desejava poder auxiliar as pessoas nesse processo que logo será obrigatório para toda a humanidade. Não comer carne já era ótimo para ela e seria maravilhoso se todos fizessem isso, pois demonstraria a verdadeira compaixão humana pelos animais.

Capítulo 25

O GATINHO BEBÊ NA GARAGEM

Sábado, 22 de outubro. 15.º dia sem a Ágatha. Era final de semana e Dominique não tinha o trabalho para enfiar a cabeça e esquecer a realidade dolorosa. Esse dia pesou mais do que todos os outros. Uma grande sensação de fracasso tomou conta de Dominique. Passou a manhã lutando para não sentir tristeza. Segurava as lágrimas do jeito que dava. Para todo lugar que olhava via sua gatinha fazendo alguma coisa. Sentia que se não soltasse essa obsessão pelo retorno dela, iria adoecer. Seu mundo simplesmente havia parado. Tudo estava fora do lugar há quinze dias. O coração ainda estava cheio de esperança, mas simplesmente ela não sabia mais onde procurar.

Já eram 14h. Dominique lavava louça. A porta entre a cozinha e a garagem estava aberta e de onde ela estava conseguia ver o carro. Assistia a alguma live no YouTube e estava bem concentrada. De repente, ouviu um miado diferente na garagem. Pensou consigo mesma como um gatinho bebê poderia ter entrado em sua propriedade e chegado até a garagem sem os cães fazerem alarde? Foi até a garagem e não conseguiu ver o gatinho. Deu mais um passo à frente e viu um rabo peludo cinza-escuro.

— Nãããããoooo – disse, emocionada, quase sem voz e tremendo.

O bichinho correu para a cozinha e ficou debaixo da mesa. Dominique abaixou-se e pegou no colo aquele ser de peso tão leve e de aparência tão abatida. Abraçou-o tanto, tanto! Seu pai estava deitado e ela foi até o quarto dele, onde disse, tremendo:

— Pai, olha aqui!

Ele levantou-se o mais rápido que pôde, pois sentiu que havia algo diferente.

— Não acredito! – falou, surpreso.

— Eu sabia que ela estava viva! – disse Dominique, vibrando alegria por todo o seu ser e abraçando ainda mais sua Ágatha. Sim, sua Ágatha havia voltado para casa!

Aquele miadinho de bebê, tão humilde, era dela. Ela estava abalada, permitia que Dominique a beijasse, abraçasse-a o quanto quisesse (isso não era comum). Estava faminta e muito magra. Devia ter perdido cerca de dois terços de seu peso e aquele monte de pelo que ela tinha e que mais parecia lã de ovelha estava bastante reduzido.

O miado de gatinho bebê que Dominique havia ouvido na garagem era um miado que ela nunca tinha ouvido da Ágatha, mas o que importava é que ela estava em casa. Dominique ajoelhou-se e agradeceu a Deus pela bênção de ter a gatinha em sua vida novamente.

Pediu ao seu pai que as fotografasse e mandou a foto a todas as pessoas que as ajudaram enviando energia e amor, orando e auxiliando das mais diversas formas. Sentia a alegria das pessoas por elas estarem juntas novamente.

Jade, a gatinha preta de Dominique, olhou a Ágatha e chiou. Já havia apanhado muito da Ágatha e, de certa forma, foi um alívio ela estar fora todos aqueles dias, parecia até que a Jade tinha ficado mais em casa nesse período. Mas a Ágatha não reagiu, não fez nada. Talvez tenha percebido que os animais de casa, a sua família multiespécie, eram aqueles a quem ela deveria tratar bem. Sabe-se lá o que havia acontecido naqueles quinze dias perdida por aí. Só que o tormento havia acabado e Dominique teve o melhor aniversário de sua vida naquele ano.

Nos três dias seguintes, Dominique ficou observando sua peludinha e decidindo se a levava ou não a um veterinário. A gata estava quieta e visivelmente abatida, no entanto, comia bastante e bebia muita água, então resolveu aguardar. Ela aceitava colo por tempo indeterminado e não unhava nem mordia sua tutora. Estava extremamente leve e era isso, na verdade, o que mais preocupava Dominique, pois Ágatha sempre fora pesadinha.

Passados mais alguns dias, ouviu o Flock reclamando, como sempre fazia quando a Ágatha dava uma unhada na carinha dele. Ao ver que, de fato, tinha sido ela, teve a certeza de que já estava bem. A velha Ágatha estava de volta.

Dias depois, comprou mais tela de alambrado e ela e seu pai aumentaram aquele que já cercava a propriedade. Colocaram um acréscimo de tela num ângulo de 45 graus, assim os gatos não conseguiriam mais sair. Alguns ajustes foram sendo feitos conforme a novidade ia sendo testada. E Ágatha nunca mais saiu da propriedade. Já a Jade, aquela magrela levíssima, subia pelas paredes com uma agilidade que deixaria o Homem-Aranha sem graça.

Capítulo 26

O DIA DAS BRUXAS

Shanti, a gatinha tricolor de Dominique, acordou-a às 6h, inquieta, pois estava entrando em trabalho de parto. Pariu ali mesmo, em cima do edredom. Cada vez que uma contração forte acontecia, ela dava um grito alto e prolongado e um filhotinho nascia. Dominique não sabia o que fazer, estava nervosa.

Primeiro, nasceu um amarelinho. Verificou se a placenta havia saído junto e se estava inteira. Tudo certo. Ela lambeu o filhote e comeu a bolsa na qual ele estava envolto. Depois veio outro amarelinho. Tudo certo com esse também. Nasceu o terceiro bebê, pretinho, contrastando com a filhotada amarela que havia chegado antes.

Os três bebês estavam sendo incessantemente limpos pela mamãe, mas ela não partiu o cordão umbilical de nenhum. As placentas estavam ali, ligadas aos cordões, frias pelo ar do amanhecer. Dominique pesquisou no tio Google e descobriu o que deveria fazer (era sua única opção naquele momento). Passou álcool 70% na tesoura e cortou os cordões delicadamente, bem no meio do comprimento, e depois cobriu os bebês com uma manta quentinha.

Era uma segunda-feira, trinta e um de outubro de 2022. Ela nem conseguia pensar em trabalhar com aquelas preciosidades ali, em sua cama. Percebeu que o bebê pretinho era, na verdade, tricolor, o que significava que era uma fêmea. Dois amarelinhos machinhos e a tricolor, toda preta com pequenos pontinhos amarelinhos e brancos. Ela já tinha decidido ficar com ela e com um dos amarelinhos.

Dias antes de parir, a Shanti já estava louca, agredindo o gato Johann e peitando os cães, sobretudo a Kiara, que é gigantesca perto dela. Depois que os bebês nasceram, ela virou uma leoa na proteção dos pequenos. Os gatos machos podem matar filhotes, por isso a fúria dela, que fez excelente uso de suas unhas, arrancando nacos de pelo do Johann.

    Dominique colocou os bebês e a Shanti numa caminha e dormiam todos ao seu lado, na cama de casal. Por quatro dias foi assim. No quinto dia, Dominique levou Johann para vacinar; era sua segunda dose. Como ele teve um pouco de febre, resolveu ficar somente com ele no quarto, pois desde que ele havia chegado, há mais de vinte dias, ela havia compartilhado pouco tempo de qualidade com ele em função do sumiço da Ágatha. Para poder ter Johann em seu quarto, colocou os bebezinhos no quarto de seu pai, onde batia o solzinho da manhã, e colocou a gradezinha na porta para os cães não entrarem.

    Ela deu medicamento para a febre, mas o Johann vomitou tudo, pulou a janela e voltou para sua caminha no gatil. Dominique decidiu ficar trabalhando em seu quarto.

    Seus cães sempre latem bastante e, às vezes, estranham-se por alguma coisa, principalmente quando a Kiara dá um chega pra lá em algum deles. Dominique ouviu-a fazendo isso com o Alfredinho de uma forma mais bruta do que o normal, mas como seu pai estava por ali não deu bola. Minutos depois, seu pai chamou por ela.

— Vem olhar uma coisa, uma desgraça.

    Dominique saiu correndo, pensando o pior. Seu pai foi na frente e ela mandou ele sair. Tirou a grade da porta e viu a pretinha tricolor no chão, cheia de dentadas e ensanguentada. Pegou a pequena no colo, estava morta. Dominique sentou-se no chão, estava em choque, não entendia como isso tinha acontecido. Perguntou ao pai se a grade estava na porta e ele disse que não, que era culpa dele, pois estava falando ao celular e havia se distraído.

    Dominique não conseguia acreditar nisso. Ela queria muito ficar com a filhotinha para ela. Chorou bastante. Em seu egoísmo, queria que a pequena estivesse viva, mas quão doloroso seria para o seu frágil corpinho se seu coração ainda estivesse batendo.

Capítulo 27

O QUINTO DIA

Seus olhos e ouvidos nem haviam aberto e a gatinha já se fora deste mundo. Dominique pediu perdão à bebê tricolor inúmeras vezes por não ter sido capaz de protegê-la. A pequena não merecia aquilo. Ela ia ser a sua gatinha e, de repente, estava morta. Dominique sentia raiva do pai e também desprezo por ele, um ser incapaz de prestar atenção ao que fazia.

Quando seu cachorro Alfredinho chegava perto dela, gritava muito com ele, escorraçando-o. Poderia ser ele o autor. Ele a olhava e não entendia o que estava acontecendo. Pegou os filhotes e trancou-se em seu quarto. Eles só sobreviveriam com a sua vigilância extrema. Ela não queria ver ninguém, nem humano, nem animal.

A filhotinha estava ali, naquele guardanapo de papel, na palma de sua mão. Tocava as almofadinhas de suas patinhas, o rostinho dela, que tinha as cores preta, branca e amarela. Dominique não viu a cor dos seus olhos e a bebezinha não viu este mundo. Dominique lamentou não a ter pegado mais vezes no colo para que ela soubesse que era amada. Pediu perdão inúmeras vezes. Disse a ela o quão linda ela seria se tivesse tido a oportunidade de ficar adulta. Agradeceu por sua presença em sua vida e por ela ter lhe mostrado que não podia delegar suas responsabilidades aos outros. Naquele momento, em relação aos animais, sentia que seu pai não era uma ajuda em sua casa, era apenas mais um a quem ela tinha que cuidar.

Shanti parecia triste. Ela também precisava perdoar Dominique por não ter protegido sua filhotinha. Shanti brigou com quase todos em casa para proteger seus filhotes, mas confiava no Alfredinho e no Flock. Dominique tinha quase certeza de que um dos dois havia matado a pequena tricolor. Dizia à pequena filhotinha que sua mamãe não tinha tido culpa, que ela havia confiado no

Alfredinho (Dominique tinha certeza de que fora ele o autor, mas nunca buscou saber a verdade, pois não fazia diferença).

Sentiu-se incapaz de administrar tantos animais pela falta de estrutura ideal para os gatos. Seu pai não tinha culpa. Aos 72 anos, seu raciocínio estava lento e distraído, assim como seus movimentos. Vinha de uma geração em que os animais não tinham a importância familiar que têm hoje e por isso os valores dos dois eram muito diferentes. Mesmo sabendo disso, ela queria que ele se sentisse culpado, pois havia errado feio. Ela tornara-se cruel? Julgava tanto e se culpava muito, como se alguém neste mundo pudesse controlar tudo o que acontece.

A filhotinha precisava ser enterrada. Dominique pegou uma caixa de sapato amarela, forrou-a com um lençol florido e colocou-a ali. Nomeou-a Lali, assim poderia colocá-la em suas orações e incluí-la em seu sistema familiar. Juntou flores de várias cores e foi colocando no caixãozinho dela: lilases, amarelas, cor de rosa e, é claro, dois raminhos de alecrim envolvendo seus ombros e sua cabeça, para que ela tivesse sempre consigo a bênção e a alegria do alecrim, assim como o amor das flores.

Dominique não teve tempo de saber do que Lali gostava nem conheceu seu temperamento. Quando velou a Pitoca, passou creme hidratante cheiroso nela, pois ela adorava perfumes, mas da Lali ela não sabia nada. Enterrou-a no cantinho do jardim que abrigava o túmulo da Pitoca. Plantou mudas de diversas cores de kalanchoê, todas floridas. Jamais poderia imaginar que coloririam o túmulo de algum serzinho de luz novamente. Era ruim pensar que o pequeno cemitério estava aumentando.

Dominique continuava gritando com o Alfredinho cada vez que ele chegava perto dela. Enquanto isso, no terreno em frente à sua casa, a Princesa, cachorrinha de cinco meses que Dominique havia resgatado da rua há uma semana, chorava porque queria atenção, não queria mais ficar sozinha. A energia de Dominique estava ruim e ela decidiu não ir até ela. Pegou o carro e foi à praia, sozinha. Sabia que choro e sofrimento é coisa do ego, pois a alma sabe que a vida continua, mas, mesmo assim, chorou novamente.

Sentada na areia, de frente para o mar, pediu a Iemanjá que limpasse seus pensamentos e suas emoções a ponto de conseguir dizer ao seu pai que estava tudo bem. Viu dois pinguins mortos à beira-mar. Não sabia se haviam morrido por questões da própria natureza ou por ação humana, mas pensou no quanto a vida é efêmera. Num momento estamos aqui, no outro, adeus. Lali partiu sem conhecer o mundo no qual havia reencarnado. No retorno da praia foi dar atenção à Princesa, que era elétrica e muito doce.

Não, Dominique não ficou tão mal quanto no dia em que Pitoca faleceu nem quando Ágatha sumiu, semanas antes. Pensou que estava ficando calejada de tanto sofrer ou talvez seu vínculo recente com a Lali tornasse seu sofrimento mais ameno.

Umas das terapeutas do grupo de que participava havia relatado uma semana antes uma visão que tivera de um cão matando um gato. Dominique jamais imaginou que aquilo era uma premonição do que aconteceria em sua casa. Simplesmente precisava entender que estava escrito, que a vida da Lali na Terra era para ser curta. Talvez, em encarnação passada, alguma deformidade física ou doença grave a tivesse afetado a ponto de precisar reencarnar e viver tão pouquinho para se recompor. Talvez ela só precisasse nascer perfeita para reconstruir seu corpo energético-espiritual para vir para valer em sua próxima reencarnação.

Dominique olhou para a caixa onde estavam os filhotes e ainda via a Lali no meio dos amarelinhos. Ficou pensando se Shanti estava sofrendo ou se entendia que o ciclo da pequena era apenas aquele mesmo.

Sua cabeça doía. Bombardeava seu chacra frontal[1] com pensamentos obsessivos de culpa, remorso, ressentimento, revolta e raiva.

---

[1] Terceiro olho, entre as sobrancelhas, um dos principais pontos energéticos do corpo humano e animal.

Capítulo 28

MAIS CRISES

Desde que se dispôs a saber mais sobre os animais e a trabalhar em prol do bem-estar deles, Dominique passou por diversas formações na área holística, mas o carro chefe de seus atendimentos eram a comunicação telepática com os animais e os tratamentos energético-espirituais para eles e para seus humanos de estimação. Apesar de formada em constelação familiar, não atuava nessa área, embora usasse todos os conhecimentos adquiridos em seus atendimentos.

No momento em que soube do que acontecera com a Lali, Dominique estava fazendo um post para duas lives com uma amiga. Sentiu vontade de desistir. Como podia falar em cura familiar multiespécie se nem ao menos conseguia proteger uma inocente filhotinha de cinco dias de vida?

Mas essa crise não aconteceu apenas por causa da morte da Lali. Muitas vezes já havia se sentido uma fraude. Na verdade, essa crise existencial durou quase o ano todo. Como ela podia falar sobre cura se em sua casa não era tudo paz e amor? Lembrou-se do ser encarnado que é, da tonelada de carma que já ressignificara até então por livre e "espancada" vontade, e das curas pelas quais passava todos os dias. Mandou o ego se lascar. Ela não era uma fraude, era um ser humano. Seus animais respondiam às suas questões pessoais, ao seu campo mórfico, afinal, estavam inseridos nisso até a alma.

Na metade do ano de 2022, a crise pessoal foi tão forte que pensou que as terapias holísticas não eram para ela. Chegou a ficar alguns meses sem nenhum cliente. Depois que tudo passou, percebeu que sua vibração é que havia criado tudo aquilo, não havia espaço em meio a tanta reviravolta na alma. Ela não era a pior terapeuta, nem a pior mulher, nem a pior filha ou a pior pessoa. Ela estava apenas passando por um profundo processo de cura cármica, assim como muitas outras pessoas, pois era um acontecimento a nível planetário, daqueles que o universo enfia na sua goela e fecha a sua boca até você engolir e digerir, porque se não digerir vai ficar entalado na sua garganta.

A crise que teve seu auge destruidor ocorreu entre maio e julho. Nessa mesma época, percebeu que seu cão Flock estava desenvolvendo um problema neurológico. Ele começou a tomar óleo de cannabis. Ela tomou florais, recebeu tratamentos, passou vergonha com seus chiliques, abalou amizades que só perduraram por influência divina mesmo. Conforme os meses de novembro e dezembro foram passando, sentia que toda essa treta existencial ia ficando para trás e que não doía mais nem se envergonhava mais. Compreendia que havia passado por um imenso turbilhão interior de cura, que revirara muito lixo emocional e espiritual, consciente e inconscientemente. Começou a sentir-se mais feliz e esperançosa.

Em dezembro voltou a estudar constelações familiares, focando agora na autoconstelação e na constelação multiespécie. A questão dos antepassados veio fortíssima. Publicou no Instagram uma oração sistêmica aos antepassados para quem precisasse dela pudesse ressignificar seu momento. Sentiu que deveria olhar para os seus próprios antepassados.

Nos últimos anos, a semana que antecede o Natal era sempre pesada para Dominique. Por mais ocupada que estivesse estudando, fazendo planos, vivendo, sentia a energia da solidão do coletivo. Chorava por qualquer coisa. Sabia que se assim se sentia é porque, de alguma forma, isso ressoava em sua alma.

Sua mãe queria que Dominique fosse visitá-la no Natal, mas ela não tinha como ir e deixar a bicharada sozinha. Também estava encerrando o ano lascada financeiramente, o carro por revisar e por aí a fora. Não passou o Natal nem com seu pai, nem com sua mãe, nem com seu filho. Ficou em casa, sozinha, com seus amados cães e gatos. Comeu coisas de que gostava e foi isso, mas sentiu fortemente o inconsciente coletivo, a energia de solidão e de tristeza estava muito mais pesada nesse Natal do que nos outros. Embora não fosse o caso de Dominique, muitas amizades e famílias tinham sido desfeitas ao longo do devido às divergências de opiniões sobre quem deveria presidir o país nos anos seguintes.

No dia 26 de dezembro, o peso dessa época se foi, mas veio a expectativa de receber visitas na virada do ano. Porém ninguém apareceu também. Nesse período, muitos pensamentos e questionamentos estavam em sua mente. Sua conversa não era agradável? Sua casa não era acolhedora? Por que ninguém a visitava? Por que não se esforçava para visitar alguém? Morava numa cidade de praia, com uma virada de ano muito bonita e, mesmo assim, ninguém a visitava, era desanimador.

Compreendeu, no entanto, que cada um tinha suas escolhas e que não cabia a ela julgar. Ela também não havia visitado ninguém, ou seja, a recíproca era verdadeira. Paciência. Fora um ano pesado, dentro e fora de Dominique, mas ela sempre esteve com quem realmente podia estar e contar: sua família multiespécie.

Capítulo 29

ALFREDINHO

Março de 2021. Dominique havia resgatado Alfredinho numa estrada. Quando o viu correndo pela lateral ficou com receio de que fosse mais um animal atropelado no asfalto. Acelerou o carro e parou metros adiante dele. Abriu a porta e quando o último carro passou, chamou-o. Ele atravessou a estrada, foi até o carro e colocou as duas patinhas na porta. Ela convidou-o para entrar. Quando ele pulou para dentro, Dominique colocou-o no banco traseiro, e ele sentou-se e ficou olhando pela janela, bem comportado. Ela ficou admirada e pensou que talvez fosse um cão acostumado a andar de carro e que fora abandonado.

Em casa, teve que prender os outros cães e colocá-lo no pátio dos fundos, pois ele estava com um corte no rosto, tomado de pulgas e de bicho de pé. Em uma semana foram três banhos para acabar com as pulgas, remédio para otite e para as patas. Depois, aos poucos, foi adaptando-o aos outros e logo ficaram todos juntos. Era um filhotão vira-lata, branco com manchas caramelo.

Assim como tinha sido com o Flock e com a Kiara, a intenção era tratar de sua saúde e colocá-lo para adoção. Chegou a publicar isso umas duas vezes nas redes sociais. Ouviu uma verdade, dita pelo vizinho, por meio da esposa dele: "Depois que um animal entra naquela casa, não sai mais". Dominique percebeu, então, que a energia que colocava nas publicações era para que não os adotassem, assim poderia justificar que estava com eles porque ninguém os quis. Depois que o período de vacinação foi concluído, mandou castrar o Alfredinho.

No dia da castração, que ocorria num mutirão, não soube responder a idade certa dele e explicou o motivo. Quando o pegou depois da cirurgia, a moça que foi buscá-lo disse que o rapaz que tinha cuidado dele antes e depois da cirurgia havia ficado impressionado com o bom comportamento dele, que nunca tinha visto um cão tão calmo, e demonstrou interesse em ficar com ele. Dominique fingiu que não ouviu, pegou o Alfredinho e foi embora. O vínculo já havia se formado.

Um dos motivos de castrar o Alfredinho foram as brigas com o Flock. O primeiro chegou na casa um bebezão, bobão e queridão, mas quando os hormônios tomaram conta do seu corpo e o tornaram um cão adulto, começou a impor-se, a querer mandar na matilha. Kiara nunca deixou, a líder era ela, e por ser um pouco maior do que ele sempre teve êxito em manter seu posto. O Flock nunca aceitou a liderança da Kiara e eles brigavam por isso, ainda que não se machucassem, e com o Alfredinho não foi diferente.

A primeira briga ocorreu em julho de 2021. Dominique já havia percebido que estava um clima estranho entre Flock e Alfredinho, uma troca de olhares esquisita, mas ficou de bobona na história. Enquanto trabalhava, sentada junto à mesa da cozinha, os dois cães brigaram ao lado da sua cadeira. Foi um susto imenso. Acostumada a mexer na boca de seus cães, abriu a boca do Alfredinho para que ele soltasse o Flock, mas a mandíbula, muito forte, acabou se fechando na mão dela. Em resumo, na primeira briga Dominique levou dez dentadas em sua mão. Como era inverno, suas mãos doíam muito mais. Colocou-as debaixo da torneira a fim de limpar e estancar o sangramento. Durante dias suas mãos ficaram inchadas e quase perdeu uma unha.

Quando parecia que tudo havia normalizado, depois de muitas semanas de paz, outras brigas recomeçaram. Dominique chorava muito pela dor física e pela dor emocional de tudo aquilo. Amava seus cães. O Alfredinho era maior e muito mais forte do que o Flock, que sempre ficava em desvantagem, mas nunca cedia. Mesmo após a separação dos dois, ele avançava em Alfredinho.

Uma dessas brigas aconteceu numa madrugada gelada, enquanto os cães dormiam com Dominique na cama de casal. Flock sempre deitava ao seu lado direito. O Alfredinho, provavelmente com frio, foi se movimentando na cama até que pousou seu traseiro sobre o Flock, que se enfureceu. Dominique conseguiu separá-los rapidamente, mas teve suas mãos mordidas novamente. Chorou mais uma vez, falou ao Alfredinho que o amava, perguntou por que ele fazia aquilo, e disse que teria que doá-lo, mesmo sem querer, pois não aguentava mais aquilo.

Quando a primeira briga aconteceu, Dominique estava fazendo um curso de constelação familiar com cavalos. Era noite de sábado e ela mandou mensagem para o seu professor chorando, com muita dor física e emocional, relatando o que havia acontecido, e entendia que havia alguma questão sistêmica que precisava ser vista. Na semana seguinte, durante a aula, ele perguntou a Dominique se podia contar ao grupo o que havia acontecido e ela permitiu.

Num contexto explicativo maior, mas dentro do ocorrido com Dominique, ele disse que consteladores devem tomar cuidado porque as pessoas acabam derramando "um caminhão de cocô sobre elas". Ela ficou em silêncio, respeitando a fala do mestre, mas sentiu que seu drama pessoal fora qualificado de forma pouco acolhedora. Ele não era um pai nem ao menos um amigo, era apenas um professor e não queria ser perturbado em seus finais de semana.

Capítulo 30
O MOTIVO DAS ENCRENCAS

Ainda que não recordasse bem o ano (talvez fosse 2011), jamais se esqueceu das informações espirituais que recebeu sobre as vidas passadas com seus pais. Eram incontáveis, ocorriam desde um tempo muito antigo e os papéis nos relacionamentos alternavam-se. Ela e sua mãe ora eram algozes, ora eram vítimas uma da outra, sofrendo ou fazendo sofrer. Isso a fez entender porque seu relacionamento com sua genitora sempre fora tão pesado e tão doloroso.

Quando teve ciência disso, tentou sair do papel de vítima e passou a se esforçar para ter paciência, pois entendeu que sua presença era muito pesada para sua mãe por questões que ela desconhecia nesta vida. Não comentou isso com quase ninguém e jamais com a própria mãe, mas sentiu que precisava curar o relacionamento delas, trazendo o perdão e o não julgamento. Na intenção de resolver isso, Dominique colocou-se na posição de salvar os pais e, então, o caos continuou, porém de outra forma.

Abril de 2022. As brigas dos cães não haviam parado. Dominique resolveu procurar uma consteladora que unia o resultado da comunicação telepática com animais (feita por uma colega de Dominique) com a constelação familiar. Na comunicação, Alfredinho relatou que amava Dominique e que gostava de todos os animais da casa, até do Flock, mas que ele se fazer de vítima deixava-o irritado e sem paciência e que por isso o atacava. Disse que Flock queria ser líder, mas não tinha sabedoria para tal.

Ele continuou, dizendo que Dominique tinha muita sabedoria, mas não a utilizava, não a colocava em prática; que ela tinha o poder de controlá-los, de colocar cada um em seu lugar, mas não sabia como usar esse poder e por isso as brigas já haviam se tornado um comportamento animal adquirido. Então não adiantava trabalhar apenas os lados energético e espiritual, ela precisava ensinar limites ao ser animal deles, pois era como eles estavam na Terra.

Alfredinho afirmou que ela conseguiria, desde que estudasse só um pouco sobre comportamento canino. Ele disse, ainda, que tinha que levar isso para a vida dela e que ela não era responsável pela vida dos pais. Assim, ela deveria devolver-lhes tudo o que carregava deles: medos, desilusões, mágoas e responsabilidades. Ela deveria, sim, ajudá-los quando necessário, mas pontualmente, sem assumir o que não era dela. Eles precisavam resolver seus problemas e se não tivessem sabedoria ou maturidade para isso, não era ela quem deveria fazê-lo.

Alfredinho prosseguiu, questionando se Dominique havia percebido como eram parecidas as disputas dele e do Flock com as disputas dos pais dela, assim como a sua incapacidade de lidar com esses relacionamentos em ambos os casos. Falou do quão importante seria para ela aprender a impor limites no relacionamento da família multiespécie e na relação com seus pais.

A comunicação foi apenas resumida aqui e teve outras partes importantes. Na constelação de Dominique apareceu que sua mãe só olhava para o ex-marido (pai de Dominique) e não olhava para a filha devido a um passado não curado. Apareceram também questões muito relevantes sobre o pai da constelada. Com os movimentos da constelação, Dominique passou a ser vista pela mãe e afastou-se um pouco do pai, que ocupava um espaço que não era dele. Talvez você não saiba, mas os efeitos de uma constelação familiar podem surgir no dia seguinte, em meses ou até mesmo em anos, dependendo do quanto a pessoa está pronta para deixar ir aquilo que não lhe serve mais, sejam crenças ou comportamentos.

Dominique passou a vida com dificuldade para interagir com a mãe. Muitas vezes nem ao menos conseguia visitá-la, pois sua mãe frequentemente inventava desculpas para não receber visitas (nem dos filhos), ainda que fosse Dia das Mães, seu aniversário, Natal ou Ano Novo, e quando a visita acontecia era pesada para ambas. Alguns meses depois da constelação, Dominique conseguiu perceber uma diferença: sua mãe passou a requisitar suas visitas, no entanto era Dominique que não ia devido a outras questões não relacionadas a elas. E há mais de vinte anos o encontro delas só acontecia se Dominique fosse até a mãe.

Capítulo 31

FLOCK

A primeira vez em que a veterinária integrativa atendeu o Flock foi em julho de 2022. Ele fora diagnosticado com mioclonia (movimentos involuntários do corpo) e, no caso dele, apareciam como pulsações na cabeça e no abrir e fechar da boca. Dentre as possíveis causas da doença, a mais provável era sequela da cinomose, mas poderia ser sequela de um pequeno AVC.

Dominique ficou muito impactada com isso. Ela poderia ter perguntado à veterinária se ele corria o risco de ter convulsão e morrer, mas nunca se lembrou de perguntar, pois a sigla AVC deixou-a petrificada. Durante seis meses dormiu mal, acordando de madrugada para sacudir o Flock, ou porque estava dormindo, imóvel, ou porque estava tremendo o corpo todo.

15 de janeiro de 2023. A questão neurológica do Flock retornou com força, mesmo tomando óleo de cannabis. A composição foi então trocada para continuar o tratamento. Dominique questionava a si mesma o motivo de ter voltado, pois não havia acontecido qualquer coisa que justificasse uma recaída. Das técnicas energéticas que conhecia, já havia aplicado uma cura arcturiana e o resultado ainda não havia sido processado.

Decidiu pegá-lo no colo e fazer ho'opononopo. Ela recitou o mantra enquanto ouvia uma música de Anjos e Arcanjos para curar todas as dores do corpo, da alma e do espírito dele. Quando terminou, uma dor emocional imensa tomou conta do seu peito. Procurou entender o que estava acontecendo montando um campo de autoconstelação na água.

Antes de iniciar, orou pedindo autorização a todos os seus antepassados, com nomes e sobrenomes conhecidos e desconhecidos, para acessar o campo mórfico para a cura. Pediu autorização ao Eu Superior de Flock para trabalhar com ele e pediu a presença do anjo da guarda dele, assim como dos guias, anjos, mentores e seres de luz que os acompanhavam.

Colocou alguns elementos no campo. Aquele que chamou de "neurológico excluído" levou-a a chorar, mas ela estava muito agitada (ou sofrendo) para prestar atenção em cada elemento do campo. Nesse meio tempo, Ágatha pulou em cima da mesa, bagunçou os representantes e ainda bebeu a água da constelação. Dominique não a repreendeu, pois talvez ela quisesse fazer ali o seu trabalho espiritual ou mostrar que o caminho não era aquele, pelo menos não naquele momento.

Dominique entendeu que poderia trabalhar aquele tema seguindo a sua intuição, sentindo, intencionando e falando. Conseguiu compreender que a dor emocional era de todos: sua e de cada um dos seus antepassados. Todos nós temos dores emocionais que se tornaram dores existenciais, atacando os nervos em graus variados. Para alguns, de certa forma, é superável; para outros causam problemas neurológicos permanentes, leves ou graves. O cérebro entra em curto quando a dor existencial torna-se insuportável.

As pessoas podem ter pequenos AVCs e nem saber. Considerando os casos conhecidos e desconhecidos, honrou e aceitou os destinos dos seus pais, avós, bisavós e além. Honrou suas dores existenciais, a força que veio de cada um deles através da forma que a natureza usou para mostrar que mudanças de dentro para fora eram necessárias. Honrou essa força e colocou-se cada vez menor diante de cada geração que se distanciava dela. Pegou o que era seu e devolveu, com muita honra e gratidão, tudo o que era deles.

Flock também foi trabalhado nessa constelação sem água, sem bonecos, sem representantes físicos. Tudo aconteceu na mente de Dominique. Ela disse a ele que o libertava de fazer parte do seu sistema familiar humano e da necessidade de tentar salvá-la. Nem ele, nem o Alfredinho, nem a Kiara, nem ninguém tinha essa obrigação. Ele era pequeno e ela grande. Ela cuidava dele, ele não precisa fazer nada, apenas ser feliz sendo cachorro. Com amor e gratidão pegou de volta tudo o que era seu que estava com ele (e seu chacra cardíaco lotou). Disse a ele que dava conta, que já havia dado conta antes e que assim seria de novo, e que ele estava livre para ser feliz. E fez um pouco de ho'oponopono, dizendo:

— Minhas dores existenciais, abençoadas, eu sinto muito, perdoem-me, eu te amo, sou grata.

Pediu a Jesus e a Kuan Yin ajuda com seus amores incondicionais e divinos. Conforme ia recitando o mantra, sentia seu chacra cardíaco inundando-se de energia. Depois fez o canto do coração. Ali ocorreu a liberação final do dia e, finalmente, começou a aliviar-se de verdade. Foi até o lado externo da casa para ver o Flock, pois seu apego tinha medo de que ele se tornasse tão livre que tivesse cumprido sua jornada terrena com ela. A todo instante identificava curas que ainda precisava trabalhar em si própria.

Capítulo 32

ENTRE COBRAS E LAGARTOS

Janeiro de 2023. Três meses com o Johann em casa, mas parecia que ele já estava lá há muito mais tempo. Dominique amava-o muito. Sentia-se feliz por ter um gato que aceitava um pouco de colo, amassos e beijos. Chamava-o de "meu xuxuzinho".

Johann era de miar muito, gostava de comidinha e de carinho, e ai dela se não lhe desse atenção quando ele queria. Ela levava uma leve mordida no pé por ignorá-lo. Ficou brava o dia que isso aconteceu, mas depois passou a entender como ele funcionava.

Recapitulando, ele chegou na casa de Dominique no dia em que Àgatha havia sumido. Ela estava emocionalmente mal e ficou assim por quinze dias, até sua gata voltar. Quando completou uma semana do seu retorno, a Shanti, sua outra gatinha, deu cria, então ela nunca conseguiu dar atenção direito a ele. Dentro de casa, ou ele fazia xixi em tudo (até no micro-ondas), ou a Shanti batia nele, ou a Ágatha gritava quando ele chegava perto.

Um dia, a Ágatha berrou porque ele chegou perto demais dela e eles começaram a brigar. A Shanti entrou na briga. Resumo da história, Dominique viu sangue pela casa e ficou apavorada. Na confusão toda, a Shanti estava defendendo a Ágatha, mas ela não sabia disso e unhou fortemente a Shanti na perninha. Nessa época, o Johann ainda não era castrado. Semanas difíceis aquelas.

Em metade de novembro, Johann foi castrado. Nos dias seguintes ele deu uma trégua de "xixizar" a casa toda (acho que doía, sei lá). Quando os bebês ficaram mais independentes, a Shanti já não queria mais esfolar a cara do Johann, mas talvez seja porque ele ficou com medo dos ataques dela, pois quando via os bebês ou ela, saía correndo.

Com o cio precoce da Shanti, dois meses depois do parto, outro episódio da série furdunço começou. Ela queria demais namorar o Johann. Dominique ficou até desconfiada da castração dele, mas também sabia que ela não afeta totalmente a libido. Nessa situação toda, eles aproximaram-se e já não brigavam mais, até que ela conseguiu seduzi-lo.

    Coisa que dá agonia é gata no cio. Aquela coluna esticada em arco o tempo todo para arrebitar a genitália e a necessidade absurda de ser tocada, seja por qual espécie for. Quando Dominique pegava-a no colo, ela esticava-se toda e ficava durinha. Vida louca e difícil essa de gata não castrada.

    Dominique acreditava que a Ágatha havia sido maltratada por gatos quando esteve desaparecida, pois não fazia sentido o escândalo que ela fazia toda vez que Johann chegava perto. Um vizinho comentou que os gatos machos encurralam as fêmeas para que elas entrem no cio. Sim, elas entram no cio na presença de machos não castrados, mas se eles chegam a aprisioná-las é algo que Dominique não fazia ideia. De qualquer forma, precisava providenciar uma cura para sua peludinha.

    Durante o mês de janeiro, Johann matou três filhotinhos de jararaca. Na verdade, o maiorzinho foi Dominique que matou, pois ficou assustada quando viu que ele tinha colocado a pata na cabeça da cobrinha e deitado ao lado dela. Depois se sentiu uma hipócrita. Havia sofrido tanto com a morte da bebezinha Lali de apenas quatro dias de vida, mas não sofria por matar um filhotinho de cobra que talvez tivesse a mesma idade e que não atacou nem ameaçou ninguém. Desejou sinceramente viver em harmonia com as cobras, sem matá-las, mas sua ignorância deixava-a em pânico.

    Os animais não deveriam morrer se não estão fazendo mal a ninguém, mas Dominique não sabia quando uma dessas cobras poderia atacar um de seus cães ou gatos e ela só pensava em defendê-los. Se fossem cobras verdes jamais as mataria, nem as falsas corais, se o seu pânico não lhe tirasse a lucidez para analisar se eram verdadeiras ou falsas.

    Ágatha já havia dado umas patadas numa jararaca filhote bem maior do que as que o Johann matou. A cobra estava encolhida olhando para ela. As duas estavam do outro lado do alambrado, no terreno vizinho. Dominique entrou em pânico, nem se lembra mais do que fez na época, mas provavelmente tentou espantar a cobra e a Ágatha ao mesmo tempo.

A gatinha Jade também brincou várias vezes com filhotes de cobras. Quando Dominique descobriu que cobras não gostam do cheiro de enxofre e soube até onde podia comprá-lo correu para buscar. Quando perguntou ao vendedor o que podia usar para espantar cobras o vendedor falou: "Alho e enxofre". Bem, pelo menos suas "macumbas de alho", como chamava carinhosamente, eram totalmente válidas. Desde que soube que elas não gostam do cheiro de alho, corta umas quatro ou cinco cabeças de alho na metade de suas alturas e depois abre e separa os dentes, espalhando-os no entorno do terreno. Dá um grande alívio na alma. Agora a "macumba" é com enxofre também.

Johann também caçou, no mês de janeiro, um filhotinho de lagarto. Dominique só percebeu porque viu sua gatinha Shanti em posição de ataque na garagem e foi ver o que era. O filhote já estava na boca dele e ela achou que estivesse morto, pois não se mexia. Abriu a porta da garagem para ele ir para o gatil dos fundos por causa dos cães, que ficam alvoroçados com essas pequenas presas.

Lá, quando o Johann largou o filhote no chão, ele levantou a cabeça e ficou em posição de ataque. Percebendo que o animalzinho estava vivo, Dominique correu para dentro do gatil. Johann já o havia abocanhado novamente, mas ela não pensou duas vezes: tirou o filhote da boca do gato. Ficou com ele na mão, vendo se ele ainda respirava. Apesar de ferido, estava vivo. Largou-o no buraco da tela para o terreno vizinho e ele saiu correndo.

Dominique não sabia se ele permaneceria vivo, mas pelo menos dessa vez tinha conseguido salvar um lindinho desses, já que todos os anos seus gatos e cães matam, em média, quatro filhotes. Nos dias seguintes conseguiu salvar mais um e como descobriu que eles não mordem (pelo contrário, fingem-se de mortos), fotografou-o e filmou-o, conversando com ele e acalmando-o e devolvendo-o à natureza.

Capítulo 33

ASSOMBRAÇÕES

No final de janeiro de 2023, na consulta com o veterinário homeopata, lembrou-se de perguntar mais sobre a mioclonia. Não, não havia risco nenhum para o Flock. Mesmo que ele estivesse tremendo o corpo todo a orientação era deixar tremer. Em resumo, Dominique viveu seis meses tomada de um medo totalmente desnecessário.

Ela sempre foi de questionar muito, tudo o que fosse possível, mas dessa vez não sabia porque tinha falhado assim. Talvez a palavra AVC tenha bloqueado seu raciocínio ou talvez tenha se sentido culpada pelas brigas do Flock e do Alfredinho, pois foi depois disso que o Flock desenvolveu a mioclonia. Ainda que esse problema seja característico de sintomas tardios de cinomose, ele não teve essa doença, então acabou descartando essa hipótese. No entanto ele pode ter tido contato com o vírus quando vivia nas ruas.

Dominique viveu dias em que muitas culpas vieram à tona: o diagnóstico do Flock, o câncer e o grave problema de fígado da Malu, as mortes por acidente da Pitoca e da Lali. Às vezes, os humanos acham que são os melhores tutores do mundo, mas, então, acontecem coisas que os jogam ao chão. Somos seres muito limitados e arrogantes. O medo de que o Flock sofresse com a doença torturou muito Dominique, pois ele não merecia isso. Aliás, nenhum animal merece.

Tempos depois, analisando friamente, Dominique acredita que ligou a informação de AVC com convulsão e lembrou-se automaticamente da Pitoca convulsionando em seus braços enquanto morria. Isso tudo gerou confusão em sua mente. O botão do pânico foi acionado e ela não percebeu. É muito mais fácil olharmos para as questões alheias, inclusive sobre a morte, porque o nosso emaranhamento é diferente do emaranhamento dos outros. Os processos de cura são diferentes, mesmo quando os problemas são iguais.

Será que um dia conseguiremos olhar para o desencarne como algo natural? É importante pensar nisso, perceber quais medos surgem e trabalhar nessas curas. O apego certamente é o motivo número um. Somos egoístas e egocêntricos, pois estamos apenas preocupados com o que vamos sentir (ou estamos sentindo) diante da morte de alguém. "Eu" não aceito, "eu" sinto muita falta, "eu" estou sofrendo, "meu" mundo acabou, "minha" vida perdeu o sentido, "eu" me sinto culpada, "eu" tenho remorso, "eu" odeio quem fez isso. Isso é algo cultural. Nascemos e crescemos sabendo que tudo o que tem vida morre e mesmo assim não existe uma cultura que nos prepare para isso, e buscamos conforto na religião ou no psiquiatra. A questão central é a negação da morte, o medo dela, mesmo sabendo que ela sempre virá.

Um dia, um colega de Dominique, com cerca de 30 anos, disse que tinha muito medo de morrer e, ao ser questionado por ela, respondeu que tinha medo de não ser lembrado pelas pessoas. Dominique ficou pensando por que uma pessoa não seria lembrada. Seria por ser egoísta, egocêntrica, orgulhosa ou má? As pessoas muito boas são lembradas por motivos óbvios, mas as pessoas muito ruins também são, ainda que de forma negativa. O que está por trás do medo da morte, do medo de ser esquecido?

Talvez o medo real seja o de ter vivido uma vida vazia e sem propósito. Desconectados de nossa essência, os dias são sempre iguais, nada do que fazemos, comemos, bebemos, compramos ou usamos nutre a nossa alma. Praticamente tudo o que tem como fonte o que é externo a nós não nos preenche porque não tem como base a conexão com o algo maior e mais elevado. Se fazemos caridade interagindo com crianças, idosos, limpando a natureza ou cuidando de animais, por exemplo, o que nos preenche não é o ato em si, mas o amor que sentimos nessas conexões se nos permitirmos sentir empatia ou compaixão. É justamente isso o que precisamos fazer: permitirmo-nos sentir.

Para sermos capazes de sentir o que nos faz feliz e o que nos preenche de forma permanente e positiva precisamos de tempo de qualidade. Tempo longe da televisão, do computador, do celular, das músicas de baixa qualidade ou de quaisquer outras distrações que não provêm do natural. Nada nos é proibido, mas nem tudo nos convém, não em excesso, não como fuga permanente da realidade.

Qual é o problema de estar em silêncio e no silêncio? Por que isso nos incomoda? Ou seja, estar em nossa própria companhia, observar a natureza e a nós mesmos, perceber o que se está sentindo, o que precisa ou o que pode melhorar dentro de nós, o que podemos ou devemos fazer para vivermos com mais harmonia, paz e felicidade, conosco mesmo e com as pessoas, os animais e a natureza?

Acredite, nossa maior missão na vida é com a nossa própria evolução. Prestar atenção em nós mesmos, no que sentimos, no que precisamos melhorar dentro e fora de nós permite-nos abrir as portas para as curas que precisamos vivenciar. Quando evoluímos curando nossas emoções, beneficiamos uma grande parcela de pessoas, animais e da natureza ao nosso redor. Tudo se torna mais harmônico. Pessoas curadas amam com mais facilidade, pois conseguem sentir gratidão por sua vida e por todos os desafios e aprendizados que vêm com elas. Começam a ter contato com o amor incondicional. Compreendem que a felicidade real é aquela que está dentro delas e ao seu redor, compartilhando amor e bem-estar.

Pessoas curadas têm maior probabilidade de fazer a passagem para o outro plano da existência com mais serenidade e paz na alma, conscientes de terem feito o melhor que podiam. Sempre haverá, no entanto, a sensação de que poderia ter sido feito mais, pois usamos muito do nosso tempo tentando ganhar mais dinheiro, mais status, mais likes, mais isso e aquilo, coisas importantes na matéria, mas não tão importantes para o espírito que se despede.

As assombrações que criamos em nossa mente vêm muito dos processos de culpa nos quais nos afundamos, colocando-nos como vítimas nas situações que nós mesmos criamos. Não somos vítimas, somos autores da nossa própria história. As coisas ruins que acontecem são atraídas pela nossa vibração que, muitas vezes, inconscientemente, atrai aquilo que nos faz sofrer. Muitos chamam isso de carma, outros de emaranhado sistêmico. Acho a segunda explicação mais adequada, pois nos coloca como autores das mudanças, enquanto que o carma soa fatalístico para muitos.

Voltando à vida de Dominique, ela percebeu que no mesmo mês em que se completou um ano da morte da Pitoca, a Ágatha sumiu por quinze dias. Tudo isso uma e duas semanas antes de seu aniversário, respectivamente. Impressionante como o chamado *inferno astral* pré-aniversário afeta os humanos e, por consequência, seus animais de estimação. Seja como for, é importante cuidar das suas emoções o ano inteiro e usufruir das bênçãos do dia mais lindo da sua vida: aquele em que você recebeu mais uma oportunidade de estar aqui, de expandir a consciência e de fazer a diferença neste mundo que tanto precisa de amor.

Capítulo 34

NÃO PRECISAMOS FALAR PARA DIZER

Por favor, pare de chamar seu animal de estimação de filho nem fale a ele "Vem cá com o papai" ou "Cadê o amor da mamãe". Mudar isso exige uma disciplina diária, pois nos acostumamos a tratá-los assim por anos, muitas vezes décadas, mas, acredite, é extremamente importante fazer essa mudança. Não devemos imputar aos nossos animais de estimação a obrigação de fazerem parte do nosso sistema familiar, pois eles têm o seu próprio sistema (canino, felino etc.), com seus próprios conflitos e mazelas.

Dominique recebeu a orientação do veterinário terapeuta de falar para o seu cachorro Flock algumas frases sistêmicas, tais como: você não é meu filho, você é apenas o meu cachorro; você é pequeno, eu sou grande, eu dou conta das minhas questões. Ela não o fez porque não o chamava de filho e, sim, de "meu príncipe".

No dia seguinte, assistindo a uma constelação familiar multiespécie num vídeo, a tutora falou as mesmas frases sistêmicas para a sua cachorrinha e doeu em Dominique. Percebeu que mesmo não chamando o seu cachorro de filho, ela o considerava como se fosse. Pegou o Flock no colo e falou as frases sistêmicas para ele. Doeu bastante, parecia que ela estava excluindo-o de sua vida. Foi estranho, mas continuou falando as frases.

O doguinho começaria um tratamento homeopático para curar a mioclonia. Dominique recebeu ainda outra orientação: escrever sobre os casos de contenção que já vivera. Segundo a medicina germânica, o conflito ligado à mioclonia é o conflito de contenção, e seu cachorro, além de ter suas próprias questões, também estava espelhando-a. Flock passou por isso nas brigas com o Alfredinho, pois saiu perdendo em todas, sendo contido pelo peso, pelo tamanho e pela força do Alfredinho. Dominique também passou por isso, certamente. Pensou em tudo que pudesse ser caso de contenção. Talvez as surras que levou na infância e na adolescência fossem casos assim, pois sua mãe ou seu pai seguravam um de seus braços enquanto a surravam, ora com chinelo, ora com uma vara ou com qualquer outra coisa que pudesse ser útil nesse sentido.

Talvez outros fatos ocorridos em sua vida também fossem casos de contenção, como o que sua mãe lhe contou sobre o dia em que ela, bebê, mamando em seu seio, ficou roxa, sem respirar, porque seu nariz havia ficado coberto pela mama. Durante muitos anos pensou que seu pânico de águas profundas pudesse ter origem nesse evento traumático. Às vezes, até no chuveiro ficava nervosa se a água ou a espuma cobrissem muito o seu nariz. Nunca conseguiu aprender a nadar e sentia por isso. Havia muito a escrever.

As crises alérgicas de rinite eram um problema, tanto pela parte física quanto pela emocional. Dominique sempre cuidava muito para que o nariz não ficasse congestionado, principalmente quando ia dormir, pois era muito angustiante não conseguir respirar. Na verdade, sentia certo pânico. E sentia que podia ser mais um caso de contenção.

Isso foi muito forte quando viajou para o Peru, em 2010. Lembrava-se de quando chegaram ao hotel, em Cusco. Dominique queria muito descansar bem naquela noite, pois estava muito cansada da viagem. Então ela deitou a cabeça no travesseiro e poucos segundos depois levantou-se em pânico pelo sufocamento causado pelo nariz congestionado. A altitude lhe fazia muito mal, pois não tinha a medicação adequada para a alergia naquela época. Passou a viagem inteira com a cara inchada por causa da rinite alérgica fortíssima, vibrando no ar gelado das montanhas nevadas.

Ela sempre teve vontade de voltar àquele país, sentir como seria passar por aquelas vivências xamânicas com a consciência mais aguçada, mas quando se lembra do sufoco que passou acaba desistindo da ideia, pelo menos até então.

Capítulo 35

AS CONTENÇÕES

Dominique estava escrevendo. Seus animais estavam ao seu redor, os gatinhos brincando com sua saia longa, alguns de seus cães latindo em seu ouvido quando ciclistas passavam na rua, enquanto outros, grudados a ela, pediam carinho. O tempo estava nublado, os pássaros voavam para lá e para cá porque estava anoitecendo. As curicacas já tinham chegado para o pernoite nos postes de iluminação. O calor sufocante desse dia 14 de fevereiro de 2023 havia dado uma trégua com a chuvinha e o friozinho muito agradável que tinham chegado. Sentiu-se feliz por sua vida. Agradeceu aos seus guias, anjos, mentores e seres de luz por não desistirem dela. Agradeceu aos seus pais pela vida. Estava tudo certo. Voltou a escrever sobre as contenções.

Ela refletia sobre a morte por afogamento, que certamente seria uma forma de contenção física, a seu ver, pois quando se está debaixo da água e não se consegue sair é porque a água está causando contenção, segurando, prendendo. Alguns médiuns lhe falaram que, em suas vidas passadas, ela havia morrido afogada duas vezes, uma no naufrágio de um barco pequeno e outra no naufrágio de um navio. Também lhe falaram (e isso ela não se lembra quem foi) que uma mulher que cuidava dela quando ela era bebê, nesta vida mesmo, descuidara-se, fazendo Dominique afogar-se na banheirinha, e que esse era o real motivo do seu trauma de água e não o sufocamento na mama de sua mãe. Essa mulher jamais falou a alguém o que ocorreu, nem mesmo com a mãe de Dominique, que lhe confiou a pequena.

Algumas semanas depois de escrever sobre isso, Dominique recebeu a visita da irmã. Elas conversaram sobre muitos assuntos, como constelações familiares, espiritualidade e acontecimentos de família. Uma das coisas que comentou foi sobre seus casos de afogamento. A irmã, mesmo sendo a caçula, trouxe uma informação que Dominique desconhecia. A mãe delas havia comentado que quando precisou ir ao hospital para ter o segundo bebê, teve que deixar Dominique na casa da avó paterna e que isso a preocupou muito, pois um priminho de Dominique também estava lá no mesmo período. Talvez a intuição da mãe estivesse certa sobre o risco. Quando ouviu essa história, Dominique associou imediatamente o afogamento na banheirinha à sua avó paterna. Não tinha imaginado até esse momento que fosse ela a mulher, mas fazia todo o sentido, pois moravam em casas vizinhas na época.

    Cada vez mais Dominique percebia o quanto a angústia que sentia quando seu nariz trancava dificultando a respiração estava ligada ao seu sistema familiar. Sua avó paterna havia perdido um bebê com cerca de quinze dias de vida e ninguém sabia direito o motivo do óbito. Talvez Dominique estivesse olhando sistemicamente para esse tio. Pensou em como ele poderia ter morrido. Teria sufocado dormindo sozinho ou com os pais? Afogado pelo próprio vômito? Afogado na banheirinha? Eram apenas suposições, mas o fato é que ele era um excluído. Dominique teve que recorrer ao pai para saber mais sobre o caso e nunca havia chamado esse bebê de tio, como, de fato, ele era.

    Se Dominique olhava para esse tio, talvez ele também olhasse para algum excluído anterior. Quando escreveu sobre isso, Dominique sentiu vontade de chorar. Fez ho'oponopono para ele, dizendo: "Tio Fulano de tal, eu sinto muito, me perdoe, eu te amo, sou grata". Repetiu a frase inúmeras vezes e também falou frases sistêmicas como "Você sempre fez parte da nossa família" e muitas outras frases que seu coração sentiu em dizer. Havia um nó em sua garganta e uma angústia em seu peito. Seu tio podia estar encarnado, afinal já fazia mais de setenta anos. Pitty, a cachorrinha mais velha de Dominique, pediu colo logo que o processo sistêmico começou e saiu do colo assim que ele acabou. Dominique sabia que ela estava auxiliando-a nesse processo.

    De todas as frases que disse, honrou seu tio por sua vida e por seu destino. Percebeu que se ele tivesse vivido, talvez seu pai não tivesse nascido, pois veio bem depois, sendo o único homem entre os filhos. Ou, se tivesse vivido, talvez tivesse sido o melhor amigo de seu pai, ou seu tio mais legal. Eram várias as possibilidades. Ela devolveu ao seu tio o que era dele e aos demais antepassados que tiveram o mesmo destino, honrando a vida de cada um.

Dominique enfatizou que seu DNA era o mesmo deles e que por isso eles eram todos um só. Começou a recitar mais uma vez o ho'oponopono, mas algo calou a sua voz. Ela bocejou forte liberando energia, enquanto o nó na garganta e a angústia se dissipavam. Sentia que não estava só naquele processo de cura sistêmica porque também era uma cura espiritual.

É interessante perceber que quanto mais se fala de um assunto mais possibilidades de cura aparecem. Negar a dor, a revolta, a raiva, a tristeza, a depressão, a angústia ou qualquer outro sentimento contrário ao amor é negar a possibilidade de curar a sua própria vida e a de todo o seu sistema familiar. Somos sim, todos um. Não é possível arrancar o DNA de suas veias nem do seu corpo, pois faz parte de você, é você inteiro, corpo e emoções, quer você queira, quer não.

Capítulo 36

A ÁRVORE DOS EXCLUÍDOS

Em uma consulta com o médico veterinário terapeuta, Dominique comentou sobre seus seis cães e seus seis gatos, sobre as adoções, os resgates das ruas e de não conseguir doá-los por se apegar demais. Alguns deles, como esses dois cães brigões, eram seres que ela amava além da vida. Ela nunca achou errado ter muitos animais de estimação desde que tenham uma vida repleta de cuidados e de amor, mas ela sabia que havia alguma coisa para ser vista nisso.

Relatou ao veterinário que havia uma dinâmica em sua vida: a cada seis meses um novo animal era resgatado da rua ou adotado. Chegou a fazer uma autoconstelação com papéis, colocando como representantes os abortos conscientes e inconscientes (embriões absorvidos pelo corpo da mulher) de seu sistema familiar, uma orientação que recebera há alguns anos. Fez a inclusão dos abortados e chorou muito, e sentiu que estava incluindo a si mesma nessa constelação.

Na consulta, ela recebeu a orientação do veterinário do Flock para plantar uma árvore a fim de honrar os excluídos de seu sistema familiar e, assim, parar de atrair tantos animais para a sua vida. Dominique nunca conseguia doar nenhum, pois criava um vínculo muito forte com todos eles. Até tentou doar dois, mas sentia como se ninguém fosse cuidar deles tão bem quanto ela, e também havia o receio de que pudessem ser maltratados ou abandonados novamente. Isso se tratando dos cães que tinha encontrado na rua: Flock, Kiara, Alfredinho e Princesa.

Em busca de uma muda de árvore que coubesse no pátio de sua casa (já tinha um abacateiro, uma jaboticabeira e uma pitangueira crescendo), pensou numa amoreira, pois adorava amoras, mas conversando com o rapaz da floricultura soube que ela não iria se adaptar devido à intensidade do sol e dos ventos onde morava. Ele sugeriu uma ameixeira (ameixa do Pará ou ameixa do Japão).

Com o calor intenso dos últimos dias e a escassez de chuva, o seu pé de manacá havia morrido, mesmo tendo sido regado todos os dias. Substituiu, então, o manacá pela ameixeira. Durante o plantio, colocou sua intenção de honrar seus antepassados excluídos. Pensou em quem eles poderiam ser, quais foram os motivos que os fizeram ser excluídos e deixar de pertencer às suas famílias de origem (como era triste isso). Teriam sido prostitutas, homossexuais, viciados em drogas, em jogos, médiuns a serviço do mal, alcoólatras, malandros (abusadores ou aproveitadores), boêmios, bandidos, assassinos ou estupradores? Ou excluídos por questões religiosas ou políticas, mães solteiras, divorciadas, deficientes físicos e mentais? Não havia uma resposta. Ela apenas sabia que reverbera nas pessoas as questões sistêmicas das sete gerações passadas e isso dá margem para incluir muita gente.

Essas pessoas também podem ter sido excluídas por terem nacionalidades diferentes e até mesmo por serem evoluídas demais para a sua época. Enfim, homens, mulheres e crianças, os nascidos mortos e não nascidos. Todos faziam parte. Ainda que ela não soubesse todos os nomes ou sobrenomes, Dominique honrou todos esses humanos cheios de defeitos (ou não) que existiram antes dela, pois faziam parte de quem ela era. E ela disse: "Eu vejo você. Eu amo a sua vida e a sua existência. Honro o seu destino e, com amor e gratidão, eu devolvo para você tudo o que é seu e fico somente com o que é meu. Abençoada seja, alma querida!".

Todos os dias a árvore dos excluídos seria vista crescendo, florescendo e frutificando. Dominique voltaria a comer as ameixas amarelas que ela adorava comer na infância, trepada na ameixeira. Sentiu muito amor em seu coração e vontade de chorar. Teve a sensação de estar abençoando todos os excluídos e honrou cada serzinho de luz que a antecedeu, dizendo: "Você também faz parte. Você sempre fez parte" – sentiu como se estivesse dizendo essas frases a si mesma.

Considerando a roda das reencarnações, provavelmente ela também foi uma excluída em algum momento, em outro tempo, em outras épocas. Talvez tenha sido uma pessoa má e por isso fora rejeitada e esquecida. Maus ou bons, vítimas ou algozes, a vida respondeu de acordo com os atos de cada um e todos aprenderam suas lições (ou não), e isso pulsava em suas veias.

Quando terminou de plantar a árvore, colocou alguns tocos de madeira ao redor dela, para que o vento forte não a quebrasse e para que os cães não ficassem cavando buracos ao seu redor, desenterrando-a.

Dominique quis registrar esse gesto sistêmico e pendurou na pequena árvore um japamala de 54 contas que ela própria havia confeccionado (branquinho, com tassel rosa, cujas cores para ela simbolizavam a paz e o amor), e posicionou-se para tirar uma foto. Nesse momento, três cães e dois gatos colocaram-se ao redor da árvore, cheirando-a. Essa cena a deixou muito emocionada. Sentiu que eles também estavam honrando a árvore ou, então, sentindo-se incluídos. Os três cães ela tinha resgatado da rua; a gatinha Shanti ela quase resgatara também (uma senhora chegou antes) e o outro gato era um dos filhotes dela, de três meses de idade. Durante dias ela ficou emocionada ao recordar-se desse momento.

Capítulo 37

FLOCK ERA PIETRO

Já haviam se passado dois meses e o cachorrinho Flock ainda não tinha apresentado melhoras da mioclonia. Dominique preparou um tratamento energético simultâneo para ela e para Flock e ambos foram para as câmaras de cura. Ele para ser tratado das causas físicas, energéticas, mentais, emocionais e espirituais que tinham originado e causavam a mioclonia; ela para tratar, da mesma forma, tudo aquilo que a ligava à mioclonia do Flock. Ela fez a movimentação antes de dormir e pediu que ao final as consciências de ambos retornassem seguindo os protocolos de segurança desse tratamento.

Nos dias seguintes, Flock apresentou diminuição das pulsações na cabeça, mas não o desaparecimento delas. Depois, percebendo que a mioclonia fazia com que ele batesse os dentes, resolveu fazer outro tratamento energético nele, dessa vez impondo as mãos. Por várias vezes intencionou comandos de energia, direcionando-os mentalmente a ele, mas ao invés de chamá-lo de Flock chamou-o de Pietro, nome de seu filho. Numa única sessão isso aconteceu pelo menos três vezes. Ela percebeu, então, que a questão era muito mais séria do que pensava.

Mesmo prestando atenção ao que fazia e dizia, chamava Flock de Pietro. Essa situação mostrava uma questão sistêmica grave que Dominique julgava ter resolvido com o uso das frases sistêmicas do tipo "Você não é meu filho, você é meu cachorro", "Você tem seu pai e sua mãe caninos, eu sou apenas a sua tutora" e outras que adaptara, mas que tinham o mesmo sentido. Talvez o cachorro tivesse entendido, mas o inconsciente dela não. Havia projeção ali.

Dominique amava e protegia muito o Flock, abraçava-o e acarinhava-o ao longo do dia, chamava-o de "meu príncipe" e o deixava dormir com ela todas as noites, até porque ele não aceitava dormir em outro cômodo da casa, ficava chorando na porta de seu quarto. Enquanto isso, o relacionamento com o filho ficava cada vez mais distante. Viam-se cada vez menos e quando se viam, o tempo era cada vez mais curto. Isso chateava Dominique, mas ela tentava entender que ele tinha a sua própria vida, esposa e escolhas, como qualquer filho adulto.

Decidiu que precisava constelar a relação com seu filho, não apenas para melhorá-la, mas também para liberar Flock desse peso insano que ela havia colocado sobre ele. Dominique carregava a culpa de não ter sido uma boa mãe para Pietro e provavelmente queria compensar, de forma inconsciente, com o Flock. Contatou uma de suas colegas terapeutas (a mesma que a constelara quando a Ágatha estava sumida) e agendou a sessão.

Incrivelmente, a constelação trabalhou toda a geração de mulheres que vieram antes de Dominique: mãe, avó, bisavó, indo até a sétima geração. O sentimento de rejeição que tanto atrapalhou a vida de todas essas mulheres também atrapalhava Pietro, que acabou absorvendo para si questões do relacionamento de seus pais. Houve muito acolhimento e muito amor nessa constelação. Acima de tudo, Dominique precisou entender que seu filho tinha o seu próprio tempo de processar as curas emocionais que necessitasse.

A terapeuta viu todo o excesso de peso dele (a camada de proteção emocional) dissolvendo-se com esse trabalho, tirando dele o que não era dele, mas que ele carregava. Já Flock chegou como aquele elemento que não para de falar, que chega chegando, fazendo alvoroço, que precisa chamar a atenção de todo mundo e que é muito elétrico. Na constelação, Dominique falou as frases sistêmicas para ele novamente. Terminada a sessão, era hora de esperar o tempo revirar e acomodar novamente todas as coisas.

Dias depois dessa constelação, em maio de 2023, Dominique foi visitar a mãe. Tudo o que podia dar errado nessa viagem deu. Antes de ir, fizera planos de dar atenção à cachorrinha Amora e ajudar sua mãe em questões domésticas (resolver todos os problemas que pudesse), mas, na verdade, sentia que "precisava" estar lá como uma salvadora. Mais uma vez, Dominique saiu de seu lugar na hierarquia familiar e para honrar esse movimento um prejuízo financeiro manifestou-se quando seu carro teve uma pane no meio da viagem e teve que ficar numa oficina. Isso abalou muito a autoconfiança de Dominique. A visita não foi nada do que esperava. Nem mãe, nem filha, estavam emocionalmente bem. Estar no mesmo ambiente ainda era pesado para ambas.

Dominique interagiu muito com a Amora, inclusive chorando bastante, sentada no chão, com ela em seu colo, sem que ninguém visse. Chorava por tudo e por tanta coisa! Havia discutido com sua mãe. Pedia desculpas a Amora por não poder fazer mais por ela, mas aparentemente a cachorrinha estava bem.

A maioria das constelações familiares não surte efeito em poucos dias. Às vezes, reverbera seu efeito em anos, até que "baixe a nova versão" da pessoa. No mês anterior, Dominique havia feito uma constelação para tratar a parte financeira. Nessa constelação também apareceu a rejeição na linhagem paterna (é muita rejeição caindo sobre uma pessoa só, não acha?).

Talvez por ter criado expectativas – completamente ilusórias – de que tudo já estava sendo resolvido em sua vida, sistemicamente falando, Dominique tenha relaxado demais e negligenciado os cuidados com seu carro, embora uma coisa não tivesse nada a ver com a outra. Sentiu-se fracassada quanto ao prejuízo financeiro que havia cocriado em sua vida, por ter sido tão relapsa com seu parceiro de quatro rodas. Prometeu a si mesma não fazer mais constelações familiares tão cedo, pois precisava deixar as últimas surtirem seu efeito positivo.

Foi nesse momento que também teve consciência de que tinha planejado salvar a mãe e a Amora, mas a cachorrinha estava bem e sua mãe era adulta e independente, podendo tomar suas próprias decisões. Era hora de seguir sua vida, de se autoavaliar mais uma vez. As constelações surtiriam efeito mais rápido se ela tivesse força para mudar os maus hábitos de uma vida inteira ao invés de esperar por milagres instantâneos.

No dia seguinte encontrou a transcrição de uma das constelações e uma das questões que a consteladora havia identificado ao ouvir toda a história de Dominique era de que a quantidade de animais que Dominique tinha, quase todos resgatados ou adotados, eram tentativas inconscientes de tentar salvar sua mãe. Percebeu, então, porque sofria tanto pela Amora, que a cachorrinha não precisava da sua salvação e que sua mãe não queria ser salva por ela nem por ninguém. Havia chegado a hora de parar de olhar para trás e para os lados e começar a olhar para a frente.

Capítulo 38

A VIDA E A LIBERDADE SÃO PARA ALGUNS

Dominique não era vegana, mas pretendia ser um dia. Não comia carne há anos e isso foi algo construído gradualmente, sobretudo porque vinha da cultura do churrasco aos domingos e em datas festivas. Primeiro reduziu a carne de gado e de porco, depois o frango e, então, o peixe. Na substituição, começou a comer muito queijo e muitos ovos (cerca de seis por dia) por causa da tal da vitamina D. Atualmente, não consegue nem ver um ovo e sente um pouco de enjoo ao comer queijo, dependendo de como ele se apresenta. Antes mesmo de imaginar que um dia pararia de consumir carnes, já ficava enjoada com o cheiro de couro de boi em roupas e tapetes e ao ver carne mal passada em churrascarias.

Qualquer alma animal é sagrada, mas algumas espécies são consideradas dignas de viverem e de serem mimadas, enquanto outras são criadas apenas para serem abatidas. É um mundo estranho.

Eventualmente, Dominique compra carne para seus cães e gatos, afinal, não pode mudar a natureza carnívora deles, diferentemente do que acontece com os humanos, que podem se alimentar de vegetais sem perder a saúde. Ainda que os alimentasse somente de ração, nela há produtos de origem animal.

Um dia, apareceram, no pátio dos fundos da casa de Dominique, larvas do gênero *Perreyia* (ou bichos-pretos ou mata-porcos ou carestia). Quem é urbano talvez nunca tenha visto e quem mora fora da América do Sul muito menos. São larvas pretas que andam aglomeradas umas por sobre as outras. É um tanto assustador ver um montinho desses. Havia chovido torrencialmente uns dias antes e talvez elas tivessem saído do local onde estavam, os terrenos cheios de mato ao lado e nos fundos de sua casa, pois estava tudo alagado.

Um tempo antes, Dominique havia lido que essas larvas pretas são nocivas, registrando apenas essa informação. No entanto, ao buscar novas informações, soube que elas são nocivas somente se ingeridas, devido a sua toxidade, e que geralmente são ingeridas por bois e porcos por acidente, ao se alimentarem de vegetação rasteira, que é onde elas se escondem.

Ao longo dos dias apareceram cinco montinhos dessas larvas. Os dois primeiros, Dominique queimou jogando álcool (isso foi antes de saber mais sobre elas) e os outros juntou com uma pá e jogou no mato. Porém ela sentiu-se culpada por ter feito isso, em especial por ter jogado os três no mato, pois algum animal poderia comê-las e morrer. Pediu a Kuan Yin que as recebesse em seu Templo do Amor Divino. Viu suas alminhas subindo e chegando lá, onde se tornaram pura luz. Pediu perdão por ter tirado suas vidas, afinal, elas tinham ido até o quintal de Dominique porque era um lugar seguro e acolhedor para elas e ela as matara, ainda que tenha sido por receio de que seus animais as comessem.

Quase tudo o que consumimos ou é de origem animal ou foi testado em animais. Muitas pessoas criticam o veganismo, mas não sabem por que ele existe e por que luta tanto por libertar os animais da escravização humana. Tantas denúncias já vieram a público sobre animais ingerindo altas quantidades de produtos de beleza e de limpeza para testar sua toxidade; cães inalando fumaça de cigarro quase o dia todo; as fábricas de veículos usando macacas grávidas em testes de colisão; animais marinhos presos em piscinas; animais silvestres presos em zoológicos, ou sendo mortos por esporte ou presos nas residências, e tantas outras formas de exploração.

Nos trabalhos multidimensionais dos quais Dominique participou em 2022, o grupo de terapeutas passava espiritualmente por inúmeros locais em que havia sofrimento animal, levando amor e acolhimento, inclusive recolhendo as almas que vagavam, perdidas. De todos os trabalhos feitos (foram 12, todos de temas diferentes), de dois ela lembrava-se com mais detalhes.

O primeiro, uma rinha de cães. Violência provocada entre os animais para os donos ganharem dinheiro com as apostas. Nesses casos, o animal que perde é deixado de lado, ensanguentado, ferido, cheio de dor, abandonado para morrer devido ao ódio do seu dono pelo prejuízo causado. Era difícil lembrar-se disso, sempre vinha um nó em sua garganta. Na cena vista por Dominique, o animal entrava na briga para não morrer, ligado no piloto automático, mas não era isso que ele queria para a vida dele. Relembrar isso conectou Dominique a outros animais na mesma situação e ela pediu que suas almas fossem acolhidas pelo amor divino de Kuan Yin. Sentiu alívio em seu coração.

Outra cena de que ela jamais esqueceu foi a de animais sendo testados em laboratórios. A dor física era tremenda, a doença provocada propositalmente no animal, causando um mal irreparável em seu corpo. Suas almas pediam socorro, desesperadas, e não entendiam por que os humanos faziam isso se há outras formas, não cruéis e sem o uso de animais, de obter os resultados que os cientistas precisavam.

Muitos dizem que é hipocrisia abster-se de comer carne se a pessoa faz isso e aquilo de errado. Para Dominique, sempre ressoou em sua alma a verdade mais profunda: *tudo vale a pena quando a alma não é pequena*, como já dizia Fernando Pessoa. Se podemos escolher não causar sofrimento, por que causar? Se podemos escolher descontaminar a atmosfera terrestre desse peso energético terrível de dor e de sofrimento que alimenta todo o mal, por que permanecer nas trevas?

Almas curadas sentem o amor incondicional vibrando em seu chacra cardíaco[2] e querem que todos os seres o sintam também. Almas curadas sentem-se livres, por mais pesada que tenha sido a sua história, e querem auxiliar outras almas a encontrarem o seu próprio caminho para a cura. Almas curadas querem ver todos os seres felizes e em harmonia.

Não, isso não é utopia, isso não é sonho bobo, é um mundo possível, que já existe para muitos. Mesmo com tantos perrengues, com tantas curas ainda por fazer, Dominique sentia-se assim, vivendo num mundo totalmente possível de ser curado. Ela não podia salvar todos os animais de uma vez, mas podia ajudar um a um, ou alguns grupos e seus tutores, com a sua energia e o seu amor.

---

[2] Ponto energético na região do peito, em humanos e em animais.

Dizem que na quinta dimensão é tudo diferente.[3] Não há consumo de carne nem por humanos, nem por animais, além de muitas outras novidades maravilhosas. É a esperança de uma vida nova e justa para todos os seres. Enquanto isso, aqui, na terceira dimensão, façamos o caminho de volta à nossa essência divina, que ama a vida e não causa o sofrimento. Todos os dias um pouquinho para, no final, o ganho ser enorme para todas as almas.

---

[3] Vivemos na terceira dimensão.

Capítulo 39

EUTANÁSIA

Dominique nunca passou pela "sugestão" de mandar eutanasiar um animal, mas ainda assim fala sobre o tema quando tem oportunidade tendo em vista o teor das comunicações telepáticas com animais eutanasiados por ela feitas e devido aos estudos de constelação familiar multiespécie.

Todos os seres têm uma programação para nascer e para morrer. Não cabe a nenhum de nós, portanto, decidir quando o animal deve partir. Tutores, veterinários e terapeutas devem fazer tudo o que for possível para aliviar a dor e o sofrimento do animalzinho até que sua morte natural aconteça. A eutanásia somente deve ocorrer em casos de extremo sofrimento sem solução, ao invés de ser uma alternativa para o tutor que simplesmente não quer mais cuidar do seu animal doente.

Quase todos os tutores que optam pela eutanásia de seu animal ficam se culpando durante muito tempo por essa decisão, pois não sabem se o animalzinho entendeu ou perdoou-os e sentem muita falta deles. É como uma dor que nunca cessa, um luto que não se resolve.

Numa comunicação telepática pré-eutanásia feita por Dominique, a cachorrinha dizia estar pronta para morrer, mas de forma natural. Ela estava em grande sofrimento físico, com dificuldade até para respirar, mas os animais entendem que isso faz parte do seu processo de vida e de morte. Ainda assim a tutora mandou eutanasiá-la.

Outra cachorrinha, que também foi eutanasiada, perguntou para sua tutora (que era a própria veterinária) qual era a dor emocional pessoal que ela queria que acabasse com a eutanásia.

O animal que adoece está olhando para um excluído do sistema familiar, assim como o animal que morre em decorrência de alguma fatalidade. Quando um animal é eutanasiado, sistemicamente ocorre a exclusão do excluído, ou seja, o antepassado é excluído pela segunda vez. Em resumo, nada se resolve na vida do tutor. Na verdade, só piora, pois enquanto essa exclusão não for resolvida, os adoecimentos e as fatalidades na vida de humanos ou de animais daquele sistema familiar continuarão.

A dor é inevitável, mas o sofrimento é administrável. Quando o tutor ou o veterinário sentem-se culpados por terem escolhido eutanasiar um animal, colocam-se no papel de vítima ou de algozes de si mesmos. Esse é um lugar confortável, no qual não é preciso pensar nem expandir a consciência.

Não podemos mudar o passado, mas podemos ressignificá-lo. Todos nós, humanos, ao longo da nossa vida agimos conforme o grau de consciência que tínhamos em cada época. Fizemos o que fizemos e está feito. Ponto final. Agora, somos novas pessoas com uma nova visão sobre a vida dos animais e por isso agradecemos pela oportunidade que a vida nos dá de recomeçarmos e de sermos melhores para nós mesmos e para todos os animais. Daqui para frente, que esse novo olhar sobre a vida dos animais e dos humanos faça parte das nossas discussões antes de tomarmos uma decisão.

É importante falar também que nossas vidas atuais, assim como a dos animais que convivem conosco, são influenciadas, sistemicamente, pelos acontecimentos ocorridos até a quinta ou a sétima geração que nos antecede, conforme Bert Helinger.[4] Portanto, ainda que você não identifique alguém excluído no seu sistema familiar, essa ou essas pessoas existem.

Em todas as famílias há segredos, guardados a sete chaves para preservar a honra, os costumes e os valores que o sistema familiar tinha em cada época ou lugar. Pesquise, conversando com seus familiares, pois quem procura, acha. Abra-se para compreender as infinitas possibilidades de exclusões que podem existir em seu sistema e, acima de tudo, não julgue ninguém. Você não estava lá, na pele daquela pessoa, e não viveu os seus emaranhamentos. Às vezes, ser a ovelha negra é justamente libertar-se de toda a opressão e, em alguns casos, ser o curador da família, aquele que vai balançar o sistema e tirar todos da zona de conforto, que nem sempre é tão confortável assim.

---

[4] Apresentou as constelações familiares ao mundo todo.

Capítulo 40
OS ANIMAIS E O CARMA

Domingo, dois de abril de 2023. Dominique tinha uma pilha de louças para lavar e, como sempre fazia, escolheu no YouTube uma live sobre espiritualidade para ouvir enquanto fazia sua tarefa doméstica.

Ela estava vivendo uma ótima fase em sua vida. Respostas vinham de várias fontes, nem sempre decorrentes de perguntas feitas ao Universo, mas do desejo sincero de saber cada vez mais e de usar esse conhecimento para auxiliar o máximo de seres, animais e humanos, que pudesse.

Uma das pessoas que assistia a live perguntou ao espírito de luz que falava, canalizado por uma médium, o que, afinal, era o carma. Eis que a resposta soou interessantíssima para Dominique: carma é única e exclusivamente o acúmulo energético que a consciência traz de vidas passadas e que pode trazer evolução ou sofrimento na vida atual.

Eureca! Dominique nunca tinha ouvido uma resposta tão sábia e tão coerente sobre o assunto, mas não podia esperar nada diferente daquele ser de luz. Assim, passou a divagar sobre tudo o que foi falado na live.

Não tivemos sempre a consciência que temos hoje. Cometemos muitos erros em vidas passadas e o fato de não nos lembrarmos deles não muda o que existe acumulado dentro de nós. Quando esse acúmulo é de energias de baixa frequência sofremos e geramos um acúmulo ainda maior dessa mesma vibração densa.

Compreender que aquilo que vivenciamos foi criado por nós mesmos, com esta ou com qualquer personalidade que já tivemos, tira-nos do papel de vítimas e nos torna autores da nossa própria história. Não existem culpados, existem apenas os enganos da nossa própria consciência, que acreditou que agir de determinadas maneiras traria-nos aquilo que buscávamos. Talvez tenhamos alcançado tudo aquilo que desejávamos, mas com um alto preço cármico que volta para nos assombrar. O carma, no entanto, não é uma sentença, mas um caminho que nos mostra o que precisa ser curado dentro de nós.

Quando um carma se dissolve, conseguimos sentir e viver mais o amor e passamos a ver tudo com muito mais clareza, o que nos permite acessar a paz que existe dentro de nós, já quase esquecida por nossa alma.

Existe algo sobre carma que todos querem saber: os animais têm ou não carma? Bem, a maioria dos espiritualistas concorda que os animais não tem carma, pois vivem seus instintos naturais. Para Dominique, considerando seus estudos nos últimos anos, quando os animais são afetados sistemicamente ou energeticamente pelos humanos, alteram a sua natureza e podem cometer erros, como ferir ou matar alguém, por exemplo. Nesse caso, o carma não seria dos animais e, sim, dos humanos, pois eles apenas vivenciaram com intensidade e de forma inconsciente tudo aquilo que foi jogado energeticamente e sistemicamente sobre eles.

Um tutor que ama seus animais de estimação ou uma pessoa que ama os animais de forma geral precisa vibrar em altas frequências energéticas, pelo seu próprio bem e pelo bem de todos que o cercam. Às vezes, deparamo-nos com pessoas que defendem os animais e dizem amá-los, mas que propagam o ódio contra as pessoas que abandonam, maltratam e matam os animais. Todo o mal praticado contra um animal é muito triste e deve ser reparado com a aplicação da lei, sem dúvida, mas se propagarmos o ódio colocamo-nos na mesma frequência daqueles que praticaram o mal. Exigir justiça sim, mas sem afundar-se nas baixas vibrações.

Dominique passou por uma situação em que foi julgada erroneamente. Divulgou nas redes sociais a foto de uma cachorrinha que fora resgatada pelos bombeiros de um penhasco bem no momento em que ela passava no local. A cachorra estava paralisada de medo, não caminhava. Ela e outra moça revezaram-se carregando o animal, que pesava cerca de 15kg, do topo do morro até a praia, e lá a colocaram no chão. A cachorrinha, no mesmo instante, saiu em direção ao local onde estavam alguns pescadores. Algumas pessoas na praia ainda comentaram que ela deveria ser de um pescador e que tinha se perdido do dono. Como a cadelinha estava determinada em sua andança, deixaram-na em paz. Dominique estava com dois cães seus e teve que pedir a outras pessoas que os conduzissem enquanto descia do morro com a cachorra resgatada no colo.

Algum tempo depois, quando entrou no carro com seus pets, olhou o celular e viu a mensagem de uma protetora de animais pedindo para que ela segurasse a cachorra porque ela estava sendo procurada pela tutora. Dominique explicou o que havia acontecido. Logo a seguir, a protetora publicou nas redes sociais a foto do animal com o seguinte dizer: "Soltaram ela!". Logo, muitas pessoas começaram a julgar Dominique e a outra moça por terem deixado a cadela ir embora, mas ninguém perguntou a elas se sabiam que a cachorra estava sendo procurada. Simplesmente as julgaram com todas as suas forças.

Dominique ficou muito triste pelos julgamentos e também porque a protetora que fez a publicação era pessoa próxima a ela e jamais esperaria dela algo desse tipo. Palavras carregam energia e intenções e é preciso tomar muito cuidado com o que se diz. No dia seguinte, Dominique foi ajudar a tutora a procurar a cachorra, pois alguém a havia visto na praia.

Você deve estar pensando que com a notícia pública de que a cachorrinha estava em local visível a cidade toda foi ajudar a procurá-la, não é mesmo? Mas, pasmem, somente a tutora e Dominique estavam lá. Ninguém da egrégora dos julgadores esteve presente, cada um com suas desculpas. A cachorra só foi encontrada no outro dia e a tutora enviou a Dominique o vídeo que foi gravado no momento do encontro das duas, que, por sinal, foi muito emocionante.

Capítulo 41

A CENTÉSIMA QUADRAGÉSIMA QUARTA PARTE

Para Dominique, de todos os anos de sua vida, 2022 foi o mais impactante para a expansão de sua consciência. Muitas catarses, muitas curas, muitas constelações, muitas conversas amigas e terapêuticas e muito, muito estudo. Conhecer a própria alma é abrir a porta para as outras dimensões. Sim, elas existem e são inúmeras.

Todos nós experienciamos fatos multidimensionais paralelos: sonhamos que estamos num avião, mergulhando no mar e dirigindo um carro, tudo ao mesmo tempo. Quando trazemos essas lembranças à mente consciente elas não se conectam, não fazem sentido, e duvidamos do que vimos ou sentimos. Nossa mente só entende os eventos de forma linear, por isso não compreende que podemos, sim, vivenciar o avião, o mergulho e o carro simultaneamente. Cada experiência multidimensional é vivenciada conforme a nosso gradiente vibracional. Ora estaremos vendo de um ponto, ora de outro, por isso pessoas que vivenciam o mesmo evento descrevem-no de formas diferentes.

Dominique, por exemplo, aprendeu a benzer numa formação que fez com uma sacerdotisa, mas acabou não praticando de imediato. No entanto, nas curas coletivas para animais e pessoas das quais participava semanalmente, uma colega, terapeuta e médium, constantemente dizia que a via benzendo os animais no plano espiritual. Dominique não precisava ativar nem pensar em benzimento para benzer do plano espiritual. Mas como isso era possível?

Segundo alguns espiritualistas, a Fonte Divina (Deus), criadora de tudo o que existe, separou parte de sua energia e a dividiu em 12 Mônadas (12 partes de sua própria consciência fragmentada). Cada uma dessas Mônadas também subdividiu-se em 12 partes, chamadas de Super Almas. Estas, por sua vez, subdividiram-se igualmente em 12 partes, 12 fragmentos de alma. Às vezes, essas nomenclaturas mudam, dependendo de quem as explica.

A intenção da Fonte Divina era experienciar e as subdivisões ocorreram para que essas partes do Todo tivessem acesso aos locais mais remotos, onde a energia é mais densa e as Mônadas e as Super Almas não conseguem chegar. Cada Super Alma é um Eu Superior, uma consciência, que gerencia o grupo de fractais de alma que dele se originaram. O Eu Superior conhece toda a história multidimensional desses fractais.

Resumindo, cada um de nós é a centésima quadragésima quarta parte da expressão da Mônada da qual nos originamos. Você pode estar se perguntando onde estão as suas outras 143 partes. Bem, elas estão espalhadas por aí, no passado, no presente, no futuro, em outras dimensões, em vidas paralelas, em outros planetas, em outras galáxias e por aí vai.

Os fractais de alma são almas gêmeas umas das outras, não necessariamente no sentido romântico. Isso quer dizer que podem estar na nossa vida como um cônjuge, um filho, uma amiga ou até mesmo como um animal de estimação. Para quem ainda acredita que os animais são seres de alma inferior, aguarde os próximos capítulos deste livro. Você nunca mais olhará para eles da mesma forma.

É interessante como o ser humano considera-se superior às demais espécies da Terra ou de fora dela. Todas as 144 partes são extensão direta da energia divina original, mas considerar-se o suprassumo é um pouco de exagero, não acha? Devemos, sim, valorizarmo-nos como seres divinos que somos, mas tendo a humildade de entender que a nossa compreensão é ainda muito limitada e que precisamos expandir muito a nossa consciência para subirmos da terceira dimensão (onde estamos) até a vigésima primeira, que é a da nossa Mônada. Considerando que mal conseguimos nos abrir para viver o amor incondicional, base fundamental para chegar à quinta dimensão, o caminho até a dimensão mais alta é realmente longo.

O mais incrível de tudo isso é saber que nossos fractais de alma influenciam uns aos outros. Uau! Isso explica muita coisa: sucessos e insucessos, curas e doenças, mal e bem, egoísmo e altruísmo, vitimismos e aquela gangorra de emoções sem fim.

Um fractal de alma pode começar a vida de um jeito, enveredar por caminhos tortuosos e depois se direcionar para a mais elevada versão que pode assumir, tudo isso sofrendo influência e influenciando seus outros fractais. Talvez agora fique mais fácil entender porque precisamos urgentemente expandir nossa consciência.

No entanto nem todos os espiritualistas concordam com as 144 partes da Mônada. Após questionar um de seus mestres encarnados, Dominique ouviu que possuímos fragmentos em diversos Universos e em vários níveis de consciência, então afirmar um número absoluto de 144 fractais de alma é um pouco arriscado, pois pode ser um número de unidades visto de uma determinada frequência, mas ao alterarmos a frequência ou se circularmos por diversas frequências, avistaremos outro tanto de fractais de alma (ou fragmentos de consciência, como esse mestre os nomeia). Os 144 podem ser, então, 144 mil, por exemplo. E todos os fractais de alma (ou fragmentos de consciência) formam uma espécie de rede, na qual um afeta o outro.

Dominique também questionou seu mestre se é possível um fragmento de consciência seu, da rede à qual pertence, combater outro fragmento de consciência seu, ou seja, se poderiam seus fragmentos de consciência (fractais de alma), em algum momento, considerarem-se inimigos. A resposta foi sim, pois quando um fragmento de consciência expande a sua luz, essa luz estende-se para toda a rede de consciências, e algum desses fractais pode não gostar disso, pois pode afetar seus projetos e planos, e o poder que esse fragmento de consciência acredita que tem ou que pode vir a ter.

Algumas pessoas podem desanimar ao saber disso, mas Dominique ouviu tudo surpresa e, ao mesmo tempo, motivada. Se o fractal de alma que ela é emanasse amor incondicional para toda essa rede de consciências, isso poderia auxiliá-los em momentos decisivos e de muito sofrimento em seus mundos. Dominique acreditou que ela própria era auxiliada pelos seus fractais mais evoluídos.

Por isso é tão importante curarmos nossas feridas da alma, nossas dores emocionais, e devolvermos ao nosso sistema familiar os pesos que não nos pertencem. O nosso fluir pela vida, pelo amor divino e incondicional, transforma não apenas a nós mesmos, mas à nossa rede de consciências, a todos os nossos fractais de alma.

Capítulo 42

O AGLOMERADO

Ser a melhor versão de nós mesmos não é ser apenas a pessoa mais linda, mais sarada, mais elegante, rica ou poderosa todos os dias. É ser também a pessoa mais curada, mais iluminada, pois o fractal que somos influencia todos os outros, como já foi dito.

"A culpa é dos meus fractais de alma". Não. Definitivamente, não use essa desculpa para colocar-se no papel de vítima e protelar a sua cura. As frequências em desalinho somente o afetarão se você estiver com o seu pezinho nelas. O que quero dizer é que quando temos consciência de que influenciamos e de que somos influenciados, isso aumenta a responsabilidade que temos sobre o aglomerado de consciências ao qual pertencemos.

Se curamos nossas emoções e nossos traumas, isso se refletirá como energia e sabedoria para os outros fractais. Se vibramos raiva, ódio, tristeza, revolta, ressentimento, desejo de vingança, necessidade de poder etc., isso reverbera igualmente em toda a nossa rede, prejudicando-a gravemente.

Você consegue compreender como apoiamos ou destruímos a nós mesmos? O looping emocional em que vivemos, com sucessos e insucessos, é a prova disso. Cada fractal é uma consciência independente da outra e tem grau evolutivo e valores próprios. Cada uma das 144 (mil) é dotada de livre-arbítrio, o que implica fazer boas e más escolhas.

Você já pensou que um ou mais fractais seus podem estar encarnados aqui na Terra, pensando totalmente diferente de você devido ao grau de consciência em que se encontram e estarem sofrendo por receber a sua intolerância?

Não existe um ser encarnado neste planeta que não possa estar aprontando as suas em outros planos, por meio de um ou mais de seus fractais. Isso é motivo para não idolatrarmos ninguém, nem a nós mesmos. O fractal que está aqui pode já ter a consciência expandida, mas e os outros? Assim como podemos ser malvados aqui e bons em outros planos. Tudo é possível, são 144 (mil) possibilidades ativas.

Emoções não curadas atrapalham a evolução de qualquer ser. Quando estamos no caminho da cura, nosso chacra cardíaco começa a emanar muito amor incondicional e esse amor todo conecta-se ao nosso Eu Superior. Isso é lindo e poderoso demais, pois ativa um canal energético com o seu Eu divino, o Eu Sou. Quem experimenta a sensação de emanar amor incondicional quer emanar todos os dias, pois traz leveza, harmonia, cura, paz, plenitude e sorrisos que vêm direto da alma.

Quando Dominique entendeu que fazemos parte de um aglomerado de 144 (mil) consciências, muitas portas mentais foram abertas para receber mais informações desse tipo, que podem vir das mais diversas formas para sua vida. Um dia, enquanto assistia a uma aula de mentoria que tratava de multidimensionalidade, ouviu a informação que julgou ser uma das mais importantes para a sua vida de terapeuta: ao intencionar uma cura, intencione que ela ocorra em todo o aglomerado de consciências daquele ser.

Dias depois, Dominique atendeu um cachorro com histórico de trauma. Por ter permanecido por algum tempo na área externa do transporte de bagagens de um aeroporto durante um temporal, passou a entrar em sofrimento todas as vezes que chuvas fortes e temporais aconteciam, ainda que estivesse seguro, morando em um apartamento.

A tutora, que também era terapeuta, já havia tentado de tudo para curá-lo, mas conseguia apenas amenizar o trauma. Quando Dominique tratou o cãozinho, intencionou que todo o aglomerado de consciências dele fosse tratado simultaneamente para o mesmo problema. Deu certo! A tutora relatou que nas chuvas intensas seguintes ele estava totalmente em paz.

Após compartilhar a informação do aglomerado de consciências com essa tutora e terapeuta, ela usou a mesma intenção de cura para tratar uma moça com trauma de abuso sexual. Durante o atendimento, várias mulheres da linhagem da moça apresentaram-se (espiritualmente) para receber a cura também. E a moça ficou muito bem depois do atendimento.

Intencionar a cura para o aglomerado de consciências de um ser, seja humano ou animal, é uma informação que o mundo precisa saber. Todos os terapeutas podem e devem fazer uso dessa intenção de cura, pois quando alguns dos fractais de alma têm o mesmo trauma é importantíssimo que todos a recebam. Assim, uma bênção maravilhosa multidimensional acontece.

Parte 2

RELATOS DE ATENDIMENTOS FEITOS PELA TERAPEUTA HOLÍSTICA MÔNICA MIELKE, AUTORA DESTA OBRA

Capítulo 1

SÉRIE DE ATENDIMENTOS AO CACHORRINHO POOCKY WILLIAM

A primeira comunicação com Poocky, um simpático York, ocorreu em setembro de 2020. Daquela época resgatei o que segue.

Os animais possuem diferentes níveis de desenvolvimento espiritual, tais quais os nossos, por isso atraímos animais compatíveis com o nosso sistema de crenças e vice-versa. Quando me comuniquei com Poocky, um cachorrinho de Florianópolis, vi o que ele via quando ficava olhando as paredes do apartamento onde mora: seres angelicais que se mostram num colorido lindo e cheio de movimento. Era como se ele tivesse sessões de cinema todos os dias nas paredes de casa (e ele vibrava com isso). Não era à toa que ele, um senhorzinho de 13 anos, tinha a aparência e a energia de um cão mais jovem. O tratamento com florais que ele recebia da tutora junto à energia vibracional elevada dela criavam uma vida de alto padrão energético para ele. Esse é um belo exemplo do quanto o tutor influencia a vida de seu pet.

COMUNICAÇÃO E TRATAMENTO DO POOCKY

Em junho de 2021, Poocky já estava com 13 anos de idade e precisava ser submetido a uma cirurgia de emergência para a retirada de um tumor gigantesco no baço, outros menores no estômago e, ainda, na próstata. Por ser uma cirurgia de alto risco, a família pediu a comunicação telepática a fim de que ele soubesse que estavam se empenhando em dar a ele muita qualidade de vida e esperavam que ele se recuperasse, mas que se fosse a hora de ele partir eles entenderiam, apesar da saudade que deixaria.

Veja agora como foi a comunicação.

O Poocky pareceu um pouquinho ansioso pela cirurgia, mas disse:

— Minha mãe está comigo.

Perguntei se ele sabia do risco da cirurgia e ele respondeu:

— Tudo no momento certo. Nunca estamos sozinhos quando quem amamos torce por nós. Eu confio no fluxo da vida. Minha família de amor é meu paraíso, mas nem tudo é para sempre. É hora de dar tchau. Agradeço por tudo, por ter sido um rei nessa casa de amor. Pai, Mãe, eu vou ficar bem, apesar da saudade. Vivi toda a plenitude da minha luz, só expandi. Mãe, amo você para sempre. Pai também. Maria Júlia também. Todos eu amo. E você, Mônica, pare de se esconder da vida. Deixe fluir, como eu deixei. Obrigado por tudo.

— Minha luz está piscando (apareceu ele num ambiente assim). Uma hora vai queimar. Aceito, confio e agradeço pelo processo.

Perguntei se havia algum recado para Maria Júlia.

— Você vai ser médica, minha florzinha, minha tutora amada. E diz para aquele moleque se comportar com minha mãe. Eu estou tranquilo. A hora que eu tiver que ir, eu vou.

Vi-o flutuando, muito zen.

Sobre o seu desencarne, ele respondeu:

— Não sei nada sobre o momento do meu desencarne. Só sei que vai chegar.

Perguntei se ele queria alguma coisa antes da cirurgia.

— Eu queria ovo, mas não dá, né? – disse o sapeca.

— Algum outro pedido? – insisti.

— Eu quero muito carinho.

Nesse momento, eu o vi recebendo carinho de muitas pessoas, nas bochechas e na cabeça, e ele se achando o tal.

A pedido, perguntei se ele estava sentindo dor e ele respondeu que não. E sobre a cirurgia no dia seguinte, questionei se estava tudo bem e ele disse que sim.

— Mais algum recado para a família? – perguntei.

— Amo a todos.

A tutora confirmou que ele adorava ovo.

No mesmo dia em que foi feita a comunicação, ativei uma placa de radiestesia para fortalecer a saúde do Poocky. A placa ficou ativa por 10 horas (indicação do pêndulo), terminando quase no horário de início dos procedimentos médicos no Poocky.

Após a cirurgia, ainda na clínica, a veterinária conversou com a família e disse que estava impressionada com a recuperação dele.

É importante dizer que a tutora o preparara de todas as formas possíveis para essa cirurgia, fazendo uso de florais, benzimentos e de muito amor incondicional.

ENVIO DE ENERGIA AO POOCKY E À TUTORA

Cerca de dez dias após a cirurgia do Poocky fiz envio de energia à tutora, Vanessa.

No momento do envio da energia, requisitei a presença dos seres de luz que me amparavam. Vi-os num círculo ao meu redor, todos de branco. Quando pedi autorização aos mentores da tutora todos, ao mesmo tempo, no círculo, ativaram as cores do arco-íris em minha direção e foi essa a frequência que enviei ao Poocky e à tutora.

COMUNICAÇÃO COM O POOCKY

Maio de 2022. A tutora do cachorrinho é a jovem Maria Júlia, irmã do Luiz Otávio, filhos da Vanessa e do Evandro. A ligação mais forte do Poocky é com a Vanessa, a quem dirige as suas falas como "mãe" nos relatos que seguem.

A tutora pediu a comunicação porque após o fim da pandemia, toda a família voltou às atividades presenciais e o cachorrinho passou a ficar o dia todo sozinho em casa, latindo muito e incomodando os vizinhos de apartamento.

— Mãe, desculpe se causei transtorno. Não foi minha intenção. Tenho medo de morrer sozinho, de não ver mais vocês. A Mônica disse que se pode morrer em qualquer dia ou lugar, mas se for para morrer que seja com vocês ao meu lado. Espero que entendam, é maior do que eu. Eu vou tentar ser mais calmo, mas eu não sei ser diferente. Habituei-me a ter vocês comigo. Não gosto de ir para a casa dos outros, mas é melhor do que estar só.

Perguntei por que ele tinha tanto medo de morrer.

— Não vou mais vê-los.

— Será, Poocky? – questionei.

Ele abaixou a cabeça em silêncio e depois continuou falando:

— Eu estou velho. Não quero morrer sozinho.

— Por que esse medo de morrer agora? – perguntei.

— Eu sei que estou debilitado.

— Mas você está saudável agora – argumentei.

— Sim, mas até quando?

— E por que sofrer por algo que talvez nunca aconteça quando você estiver só?

— E se acontecer? – ele insistiu.

Perguntei o que de pior poderia acontecer se ele morresse sozinho e ele disse:

— Eu não vou mais vê-los.

Continuei argumentando:

— Se você morrer ao lado deles também não irá mais vê-los.

— Sim, mas não morrerei só.

Questionei-o se aquele medo era real e ele respondeu que sim, então sugeri uma cura artcuriana para tratar esse medo.

— Sim, aceito – disse Poocky William.

— Poocky, você identifica esse medo de morrer em alguém da sua família?

— Sim, na minha mãe – respondeu o doguinho.

Perguntei se ela tinha medo de morrer sozinha.

— Não, ela tem medo de eu morrer sozinho. Ela não suporta a ideia de perder mais um.

— Mais um filho – perguntei.

— Sim, filho.

— Então você late porque sua mãe tem medo de que você morra sozinho?

— Não, eu lato para que ela fique e não sinta medo.

— O que você gostaria de dizer para a Vanessa?

— Somos almas afins. O que você sente, eu sinto. Você acha que já superou, mas não é verdade. Eu não sou seu filho, sou um cachorro, e você tem medo de que eu morra. A morte de um filho estraçalha um coração. Eu entendo.

— Você tem alguma sugestão para a Vanessa?

— Curar o medo da perda e auto perdoar-se por não ter sido a mãe perfeita. Nem tudo é decisão sua, respeite o divino.

E ele continuou:

— A Vanessa é uma pessoa de muita luz, mas a dor faz a pessoa se perder. Se não quer favor de sua mãe, não peça. Se pedir, não reclame. Honre a sua mãe. É a mãe que você precisava para ser quem é. Você não se orgulha de si mesma? – questionou Poocky William.

— Não existe mãe perfeita. A sua não foi, você também não é. Mas isso não significa não amar, significa dar o que tem e o que pode, do jeito que se consegue. Você já devia ter assimilado isso. Olhe de verdade para o que sente por sua mãe. Você a julga, não admite errar como ela errou. Ser mãe não é ser melhor do que a sua foi, mas ser a melhor todos os dias, do jeito que pode, do jeito que sabe. Já passou o tempo de criticar. Aceite tudo como foi e do jeito que foi. Sua alma é nobre demais para se apegar às birras de criança: "Mas eu queria assim" – disse o cachorrinho.

— Honre a sua mãe com toda a força, toda a verdade e todo o amor do seu coração. Aceita o que ela tem para te dar, mesmo que não seja como você gostaria que fosse. Ela ficar comigo é uma forma de te amar, pois te ajuda. Se ela reclama ou te cobra alguma coisa é porque aprendeu assim, é uma forma de puxar conversa, porque não sabe dizer "Eu te amo". Ressignifique sua mãe em sua vida, com toda a luz da sua alma, e muitas portas se abrirão para você – disse o doguinho. E concluiu:

— Não te prometo nada. Só te peço que cure sua vida.

Perguntei se ele tinha alguma mensagem para o Evandro.

— A Vanessa é minha, mas eu te empresto ela de vez em quando. Hoje o assunto é mais com ela. Conversamos outro dia. Aproveite o que fizer sentido para você também – respondeu o pequeno sábio.

— Mais alguma coisa, Poocky?

— Cansei. Vou dormir.

O medo do cachorrinho de morrer sozinho era, na verdade, da tutora. Ao longo de sua vida ela teve dois abortos espontâneos. Passou por vários tratamentos, mas ainda carregava a dor das perdas. O Poocky acabou ocupando o lugar de filho. A própria tutora disse que não suportaria perder mais um. Isso foi um forte indicativo de que precisava olhar para essa dor com mais profundidade a fim de ressignificá-la.

COMUNICAÇÃO COM O POOCKY

20 de setembro de 2022. Após cinco dias de internação, o estado de saúde do Poocky era considerado irreversível. O diagnóstico era de parvovirose e de insuficiência renal e os sintomas se agravavam. Sugeriram a eutanásia, pois pela análise dos veterinários ele não tinha mais do que oito horas de vida, a língua e a boca estavam necrosando e logo os órgãos internos parariam de funcionar. A família não concordou, pois queriam que ele fizesse a passagem na presença daqueles que o amavam e em sua casa. Solicitaram a comunicação telepática para liberá-lo caso tivesse realmente chegado ao fim de sua jornada. Queriam que ele soubesse do imenso amor que sentiam por ele e pediam desculpas por não terem visto a doença dele antes.

Quando estabeleci contato senti o coração dele muito cansado, batendo com muito esforço. Logo já começou a comunicação.

— Eu estou indo, chegou a minha hora. Diz para a mãe não se sentir culpada. Eu preciso ir. Está difícil este corpo cansado, preciso de um novo, em breve. Agradeço por tudo, por todo o amor, por todo o carinho e por todo o cuidado, agora e por todos esses anos. Mãezinha, é hora de olhar para o seu interior e curar o que está protelando. Sei que você já tentou curar antes, mas nunca chegou a um nível profundo. A Mônica vai te ajudar nisso. Eu amo todos vocês, sempre amei. Fui o rei dessa casa, assim me senti. Lembrem-se de mim com amor, carinho e alegria. Lembrem-se de tudo de maravilhoso que vivemos juntos. Evandro – continuou Poocky –, te entrego a sua esposa para acolhê-la, amá-la e honrá-la por todos os dias da sua vida. Olhem-se nos olhos, vejam-se novamente. Ainda existe amor por trás do orgulho de vocês.

E Poocky prosseguiu:

— Julinha, minha florzinha, sentirei saudade da sua luz. Você tem uma grande missão neste planeta. Seja a melhor profissional e faça tudo com o maior amor do mundo. A humanidade precisa de profissionais repletos de amor.

E, então, direcionou-se a Luiz Otávio:

— A você desejo as melhores coisas da vida. Seja quem você nasceu para ser. Será amado pela sua essência e pelo seu coração. Lembre-se sempre das palavras deste velho cachorrinho. Você é um grande cara, deixe o amor transbordar desse coração lindo que você tem.

E finalizou, dizendo:

— Agora eu me vou. Deixo a unidade da família e do amor que tive. Vocês são um só. Sempre lembrarei de vocês com infinito amor. Minha presença física jamais superará a ligação de amor que tenho com cada um de vocês. Estou em paz, cumpri minha missão, e isso não tem a ver com a casa nova de fora, mãe, mas com sua casa interior nova. Te amo muito! Lembre-se de que os laços são eternos e sempre poderá me mandar amor e receber o meu. Assim é com todos os seus filhos. Apesar de tudo há uma paz muito grande chegando no meu ser. Ela se mistura com a angústia da separação que sinto de vocês. Sejam fortes pela vida afora. Sejam fortes de alma e de coração, de caráter e de profissão. É um grande alívio esvaziar minhas emoções em palavras, dizer-lhes que tudo está e ficará bem. Doem as minhas coisas para animais de abrigos. Talvez lá encontrem um novo amor quando estiverem prontos.

— Mano, eu sei o que você quer. Seja forte em desejar no seu coração e virá. É lindo poder amar (outro animalzinho) – falou o cachorrinho. – Não sei mais o que dizer. O momento da transição eu sei que é difícil para vocês, mas tudo ficará bem. Estarei de olho em vocês sempre, então me amem como sempre fizeram. Até qualquer dia!

TRATAMENTO DA FAMÍLIA MULTIESPÉCIE E DO POOCKY

Vinte e dois de setembro de 2022. Dois dias depois da comunicação, o cachorrinho já não comia nem bebia água sozinho e já estava cambaleando, precisando receber alimento e água por meio de seringa devido às lesões em sua boca. A família levava-o diariamente à clínica para os cuidados paliativos, como a medicação para a dor.

Havia um grande sofrimento familiar ao vê-lo partindo aos poucos, sabendo que os órgãos estavam entrando em falência. Diante desse cenário, fiz um atendimento de cura para a família multiespécie. Todos se colocaram à disposição para receber o tratamento. Nesse atendimento, intencionei a melhora das questões físicas do Poocky e das questões emocionais dos quatro tutores (pais e filhos).

Trinta minutos antes do início, a tutora declarou já estar sentindo a presença dos arcturianos (foi a energia que escolhi para esse tratamento). A sessão começou e uma imensidão de luz branca fez-se presente no ambiente em que a família estava e uma grande equipe arcturiana foi até eles. Toda a família foi tratada e o cachorrinho foi intensamente e longamente trabalhado de forma muito minuciosa. A tutora foi a segunda mais trabalhada por eles.

O tratamento começou com a ativação dos comandos de remoção de chips, de implantes e de obsessores. Outros comandos que me foram intuídos trabalharam a energia feminina, a cura de relacionamentos, a conexão com o divino, os alinhamentos dos chacras, a restauração da alegria desta encarnação (esse código tratava cada um individualmente, mas também atuava unindo a família humana e depois a família multiespécie), a unificação com o Eu Superior e a evolução espiritual.

Num determinado momento, vi o cachorrinho flutuando no ambiente, indo até o colo da tutora e interagindo alegremente com ela, depois com cada um dos familiares, até que começou a correr, em altura mais elevada, ao redor de todos.

Por fim, a consciência de toda a família multiespécie foi levada às câmaras de cura. A tutora foi a mais tratada de todos. Os amados golfinhos conduziram-na nesse tratamento como se ela fosse uma rainha. Após a limpeza feita por eles, a tutora apareceu sorrindo, harmoniosa, plena e muito serena. De suas mãos emanava uma intensa luz. Tive a sensação de que a tutora era de origem siriana, uma possível curadora, deusa ou coisa do tipo.

Sempre sorrindo, vi-a, na sequência, com uma túnica branca e longos cabelos brancos, como uma jovem mulher, com uma coroa de flores na cabeça. Depois a vi um pouco humana e um pouco golfinho. A própria tutora, nas câmaras de cura, limpou a energia densa de sua família, envolvendo-os num grande abraço. Da palma de sua mão, direcionada para mim, enviou um facho daquela luz intensa direto para o meu terceiro olho, repetindo o gesto com seu marido e filhos. Enquanto a tutora emanava essa imensidão de luz, o cachorrinho flutuava o tempo todo ao redor dela, dando suporte.

Após a conclusão do atendimento a tutora relatou que chegou a ficar tonta, tamanha a intensidade da energia que atuou sobre ela. Ela conseguia ver as mãos longas dos seres de luz trabalhando nela. Sentiu que o tratamento que ela recebera era diferente do tratamento do cachorrinho e que ele tinha sido muito trabalhado. Cada arcturiano (por vezes mais de um) trabalhou no que cada membro da família precisava. Ela relatou, ainda, que o cachorrinho dormia envolvido em muita paz após o atendimento.

Os veterinários não entenderam como um cãozinho, que agora já contava com 15 anos de idade e com diagnóstico terminal sobreviveu, estava bem e independente. Seja como for, o tratamento veterinário foi muito importante, assim como o tratamento energético do cachorrinho e o imensos amor e a resiliência de sua família humana.

COMUNICAÇÃO TELEPÁTICA COM O POOCKY

Comunicação realizada em 18 de novembro de 2022. Acompanhe a seguir as palavras do Poocky.

— A saúde vem de dentro da alma, da serenidade e da paz. Onde está a sua paz, Vanessa? Onde há ansiedade não há paz. Só a energia do amor cura tudo e tudo alcança. No que você está vibrando? Não se preocupe em saber quanto tempo ainda viverei. Será o tempo certo, o tempo exato para o que ainda precisa ser feito. Viva seus dias como se eu, você e todo mundo tivesse a eternidade pela frente, amando com o coração pleno, sorrindo e rindo as alegrias do dia, sentindo e amando com todo o esplendor da sua alma, agora, hoje, neste momento. Ninguém é eterno, mas também ninguém é tão frágil assim. Faça a sua parte transbordando amor e eu sentirei tudo isso.

— Sim – continuou Poocky. – Eu vi os arcturianos. Eu vejo todos os seres de luz. São muitos, é a legião da boa vontade, do grande amor, do esplendoroso auxílio. Se os humanos soubessem que eles querem ajudar não perderiam tempo e solicitariam, mas todos os humanos ainda divagam nas questões materiais fortemente.

— Chamei o Evandro de Evandro porque é seu nome divino, simples assim. – Referindo-se a um questionamento do tutor em relação à comunicação anterior.

Perguntei a ele se a família deveria levá-lo ao nefrologista, se ele queria isso, mas a resposta dele foi o silêncio. Questionei-o, então, do motivo desse silêncio e ele respondeu:

— Não posso determinar as ações humanas. Há muita coisa envolvida nisso. Se sentirem no coração, levem-me; se não, não. Eu me adapto à realidade encarnada. Aceito meu destino.

Questionado sobre a alimentação, disse:

— A melhor alimentação do mundo é o amor, mas gostaria de comer ovo e brócolis, cozido e bem picadinho. Aí, sim, tomarei os medicamentos.

A família quis saber se estava faltando alguma coisa para ter mais qualidade de vida e ele respondeu:

— Está faltando a energia do amor em casa, entre os familiares. Está faltando amor e harmonia.

Outro questionamento da família foi sobre o tempo do Poccky com ela. Ao invés de responder, ele apenas sorriu. A família também quis saber por que ele não desencarnara se havia se despedido na comunicação anterior e ele disse:

— Estão querendo saber demais. – E sorriu, dizendo que tudo havia sido como tinha que ser.

Nesse momento, tive uma imagem mental de uma lacraia. Ela movimentou-se por toda a parte interna do corpo do Poocky e saiu pela boca. A lacraia espiritual tem vários sentidos, como perda ou enfraquecimento da energia espiritual e a necessidade de serem feitas mudanças.

— O outro lado é uma continuação do lado de cá – falou Poocky. – A vibração é a mesma, porém intensificada. Do jeito que vai, fica muito mais forte. Os animais veem o outro lado o tempo todo, ou com alguma frequência, depende de cada ser. Se eu desencarnasse naquele momento eu já saberia como é do outro lado. Quem nos espera do outro lado, quando a hora chega, são nossos afetos pessoais, de quem lembramos ou não, aqui na Terra. Sempre é um momento feliz se o coração aceita a passagem com leveza. Você quer saber demais, Vanessa!

Mensagem para Vanessa:

— Mais fé e mais amor, mais coragem do que ansiedade pelo incontrolável. Há coisas que simplesmente não podemos controlar. Concentre-se na parte que te cabe com a leveza dessa imensidão de fé e de amor. A vida nunca acaba, então fique tranquila. Não tema. É hora de aplicar o que você sabe em sua própria vida. Ame a vida, a presença da energia, com ou sem o corpo físico. Você conhece essa sensação, conhece seres assim, então não te preocupes tanto comigo, eu sempre estarei presente para você.

Mensagem para Evandro, tutor:

— Menos melindres, mais paz interior e fé. Passe isso aos seus filhos. O pai deve ser consciente de que certas coisas não valem a pena. Fé, que tudo se ajeita. Você é forte e tem tudo o que precisa. Tenha calma e fé. Alta vibração. Toca aqui, ó!

Mensagem para Maria Júlia:

— Maju, meu doce, quanta feminilidade e força há em você, meu orgulho.

Mensagem para Luiz Otávio:

— Um grande cara, futuro promissor se escolher com o coração e não por pressão dos pais. Escolha o que ama e será imensamente feliz e realizado. Eles te amam, mas a escolha é sua.

Mensagem para a vó Daica:

— Vozinha, o seu amor desprendido é lindo. Ame do jeito que sabe e que pode amar. Ame sempre a sua vida e sempre será abençoada e cheia de luz. Deixe o mundo ver o seu coração. Sinta os abraços, sinta as energias, pois são elas as nossas eternas lembranças.

ATENDIMENTO ENERGÉTICO DO POOCKY

Poocky entrou em processo de desencarne no dia 22 de março de 2023 e a tutora pediu envio de energia para facilitar o processo e tornar tudo leve para ele.

Iniciado o atendimento, quando chegamos na câmara de cura ele foi para a maca para ser tratado. A tutora estava presente o tempo todo, emanando para ele uma imensidão de amor, paz e serenidade, como um ser de luz muito elevado.

A intenção de cura foi para que as energias atuassem no que ele precisasse naquele momento. Ativei a cirurgia energética e deixei-a atuando durante todo o atendimento para restaurar seu corpo energético. Depois, seguiram-se os tratamentos com outra fonte de energia.

Kuan Yin esteve presente o tempo todo, emanando seu amor divino.

Em certo momento, os seres de luz que tratavam do Poocky tiraram a roupagem canina dele, primeiro da cintura para baixo, e sob essa veste foi possível ver um corpo como de um bebê, da cintura para baixo também. Depois, a parte superior da roupagem canina foi retirada e, por fim, a cabeça canina. O ser de luz tinha uma energia masculina, pele muito alva e cabelo curto preto. Esse ser era da altura da tutora, desceu da maca e foi até ela, abraçando-a.

O abraço foi intenso e repleto de amor e de saudade. Tive a impressão de que pareciam ser dois seres de luz que há muito tempo não se encontravam naquela forma energética. Fluía uma conexão intensa e muito amorosa.

O ser de luz que habitava o corpo do Poocky foi até a maca e acariciou o corpo que lhe serviu de morada, e depois continuou seu tratamento na câmara de cura. Por fim, ele retornou ao corpo do Poocky e foi encontrar o abraço de Kuan Yin, que lhe disse:

— Poocky, você sabe para onde deve ir quando chegar a hora.

Minhas palavras não são capazes de expressar o que eu vi e senti nesse atendimento, pois foi algo incrivelmente pleno de amor.

Poocky faleceu no amanhecer do dia seguinte.

A tutora Vanessa relatou que nas horas finais a família fez ho'oponopono e cantou para ele. Como terapeuta holística que também é, fez uso de florais e de aromaterapia para facilitar a passagem do Poocky e a aceitação da família. Ela também fez travesseirinhos terapêuticos com ervas aromáticas e os usava na cabeça e na coluna do Poocky para amenizar as dores que ele sentia pelo corpo. As almofadinhas eram colocadas sempre quentinhas.

Eles oraram, pedindo aos anjos de luz que estivessem presentes, auxiliando Poocky e a eles próprios, pois mesmo compreendendo que a hora dele havia chegado, doía muito vê-lo partir. Segundo a tutora, o quarto ficou cheio de anjos vibrando numa luz branca, alguns com o Poocky, outros com ela. Ela viu o momento em que estenderam a mão a ele, e saiu do corpo do cachorrinho um ser de luz como os outros ali presentes. Esse ser, que possuía energia masculina, foi até Vanessa, ajoelhou-se na sua frente e abraçou-a. Muito amor emanou de um para o outro.

Ela agradeceu por eles terem se encontrado nesta encarnação e despediu-se, dando um até breve e dizendo que ele podia ir porque aquele corpinho, tão pequeno, já não aguentava mais tanto amor que havia em sua alma, e que para onde ele iria poderia expandir mais esse amor para todos eles. A alma dele foi embora e pouco tempo depois o corpo cedeu.

COMUNICAÇÃO TELEPÁTICA PÓS-ÓBITO COM POOCKY

A comunicação foi realizada quinze dias depois do óbito. A família toda enviou perguntas e mensagens para Poocky, e como havia muita expectativa em relação à comunicação com ele informei que havia ocorrido um imprevisto e que ela só poderia ser realizada no dia seguinte. Isso foi importante para que a ansiedade dos quatro integrantes do grupo familiar não fosse sentida por mim durante a comunicação. Com a atenção deles distraída até o dia seguinte, fiz a comunicação no dia originalmente marcado.

Mensagem da Vanessa (tutora mãe) para o Poocky:

— Queria te dizer que apesar de ainda doer muito a sua ausência física, de sentir seu cheirinho, afagar seu corpinho, dormir abraçadinha contigo, entendo que você precisava ir. Ainda sinto você em todos os lugares e escuto você. Saiba que você foi meu grande amor, eu te amei com todo meu coração e com toda a minha alma. Agradeço diariamente por você ter nos escolhido como sua família. Você fez toda a diferença no crescimento emocional e espiritual desta família. Espero que tenhamos atendido às suas expectativas também. Ainda não sonhei com você, mas sei que você ainda não pode se comunicar comigo. Saiba que te amei e te amarei para sempre, meu "bêbys".

A comunicação foi feita na mesma nave onde estavam as câmaras de cura. O contato inicial com ele para subirmos foi com a imagem dele canino, mas logo que se juntou a mim já era o ser de luz com energia masculina que vi no dia do último tratamento energético (pré-desenlace). Quando chegamos lá, Vanessa estava esperando.

A mensagem da Vanessa foi a primeira coisa que passei para ele. Após ouvir, ele disse:

— Minha mãe, minha amada, ser de luz! Sinto saudade, mas é diferente de sentir saudade na Terra. Aqui a saudade não dói, apenas pensamos em ver a pessoa novamente, sentindo amor e paz. É uma saudade muito tranquila. Eu estou bem, ainda me recuperando da densidade da Terra. Encarnar e desencarnar são processos densos para a alma, mas estou melhor e mais leve a cada dia. Eu me sinto sereno.

Perguntei quem o recebeu no plano espiritual e ele respondeu:

— Os sirianos. Estou com eles, meu povo aqui.

Eu estava sentindo meu peito dolorido, e como ele parecia bem questionei se isso era da Vanessa e ele confirmou que sim.

Sobre ele ter escolhido o dia da partida, ele esclareceu:

— Foi um processo natural, apenas segui a determinação da espiritualidade.

A família queria saber se ele sentiu dor durante o desprendimento do corpo físico.

— Como eu disse antes, todo o processo de encarnar e desencarnar é doloroso, mas é um instante diante da eternidade – respondeu.

Questionado sobre ter algum pedido especial em relação às suas cinzas, que naquele momento estavam numa urna em forma de Yorkshire na estante da sala, disse:

— Mãe, siga o seu coração quanto a isso. Só quero que não seja doloroso para você ficar olhando para isso.

A tutora queria saber o que ele desejava que fosse feito com as suas coisas (roupinhas, brinquedinhos, sachês de comida etc.).

— Doe a um animal necessitado, ou para vários – disse o cãozinho.

A família plantou num vaso manjericão com casca de ovo e queriam saber se ele gostou. Poocky sorriu e disse:

— Ah, o manjericão... – senti o Poocky lembrando do cheiro. – Umas das melhores coisas da Terra, assim como o ovo, mas como eu já disse antes, sigam seu coração. O que quer que façam pensando em mim que traga amor e sorrisos, jamais tristeza.

A Maria Júlia (tutora filha) gostaria de saber se ele queria que ela estivesse com ele no momento do desenlace. Ele, então, falou:

— Estava comigo quem tinha que estar. Está tudo bem, querida!

Pedi mensagem para a família e Poocky mandou uma para cada pessoa da família.

— Mãe, você sabe que nossas almas são gêmeas e que nosso vínculo é forte. Agora eu moro no exterior. Pense assim, como seu eu fosse um filho que mora longe, mas que um dia você irá rever. Abrace o pai quando for dormir. Ele é o seu ursinho agora. Restaurem o vínculo de vocês, que é tão bonito.

— Paizinho, você tem sido um bom marido, não é qualquer um que consegue acompanhar alguém como a Vanessa. Esteja sempre presente e a ouça com o seu coração. Gratidão por tudo, pai.

— Para a minha Julinha, minha médica preferida, meu doce de menina, eu te vejo lá na frente, com a sua luz humanizando a medicina. Se existem seres de luz nos animais, os humanos também o são e assim devem ser tratados, como irmãos, na comunidade da Terra. Você verá uma nova medicina e a exercerá. A sua luz conduzirá aos caminhos de cura.

— Luiz Otávio, eu já disse uma vez e direi novamente: deixe sair essa luz imensa que existe dentro de você. Não se preocupe com os outros, você já é bom e especial o suficiente. Assim você foi criado, para servir com os dons que virão. Segue os passos da sua mãe se sentir que faz sentido para você, não para ser igual, mas para ser o paralelo dela na vida. Você pode ser tudo o que quiser ser.

— Aqui me despeço, na força da luz e da paz, e no amor que sempre sentirei e que sempre me ligará a vocês.

Poocky William Guimarães Machado.

Aqui a comunicação encerrou-se. Senti que o tempo dele para estar ali havia acabado. Agradeci a ele pelas nossas conversas e pelo exemplo que deixará para o mundo. Desejei a melhor nova vida a ele.

Despedi-me, porque ele iria ficar lá, os sirianos iriam buscá-lo. Tive a oportunidade de ver uma abertura para a visão do espaço infinito, o cosmos, com sua beleza infinita.

O ser de luz que habitava o Poocky começou a encher-se de pontinhos de luz dourados pelo corpo, até que desapareceu, como que teletransportado.

Vanessa esteve presente durante todo o tempo, olhando com um sorriso ansioso, mas o Poocky não a via e ficou claro que ela ainda não estava pronta, pois havia o luto a ser vivido.

Capítulo 2

SÉRIE DE ATENDIMENTOS AOS FELINOS DA MESMA FAMÍLIA – FLORAH E JHOW

O atendimento à gatinha Florah foi solicitado porque ela fora diagnosticada com virose e estava sem apetite e muito quietinha. Comecei com a ativação de remoção de chips e de obsessores. Nessa etapa também foi ativado o portal crístico.

Vi um homem caminhando muito devagar, quase se arrastando. Estava muito cabisbaixo, ombros bastante caídos. Parecia emocionalmente abalado, desanimado. Tive a impressão de que era alguém que havia perdido tudo o que tinha, que se tratava de algum antepassado da tutora e que a gatinha estava olhando para ele.

Na sequência, ativei a elevação da energia dela e a limpeza dos campos energéticos interno e externo. Nesse momento, eu a vi levantar as patas dianteiras e cair de costas, dura. Uma grossa casca em forma de seu corpo ficou no chão quando ela levantou-se, mais jovial, muito brincalhona, e seu corpo era de luz azul-claro. A casca no chão era a densidade de energia que se acumulara sobre ela.

Ativei o corte de cordões e de drenos energéticos. Havia um ponto muito forte no coronário dela que precisou ser trabalhado várias vezes. Outros pontos importantes foram os chacras laríngeo, cardíaco, plexo solar e umbilical. Senti que tinha a ver com o homem que vi. Após esse trabalho ativei a requalificação da energia dela.

A desobstrução do centro cardíaco trouxe algo interessante, pois vi a chama trina no cardíaco dela. Ao expandir essa energia, uma coluna de luz muito forte formou-se sobre ela.

Ativei também a cirurgia energética e a partir disso a energia ficou ainda mais forte. Os chacras umbilical e básico foram muito trabalhados. Essa energia atuou por bastante tempo nela, em todos os corpos (físico, energético, espiritual e mental).

Continuando o processo de limpeza e energização dos chacras, houve muita limpeza no chacra coronário, como se uma intensa luz branca estivesse limpando esse canal.

Faz parte desse tratamento a harmonização ambiental. Pedi autorização ao Eu Superior dos humanos da casa e dos seres que a habitavam (sua essência) para harmonizá-la. Havia muita energia densa e foi usado um bom tempo nessa etapa.

Perguntei à gatinha se ela tinha algo a dizer (algo breve, pois não se tratava de uma comunicação telepática) e ela disse "Vovô" e depois "Vovô do vovô". E continuou:

— Tutora, a vida é um rodamoinho fixo no mesmo lugar, mas girando. Onde está você no rodamoinho? Só gira e nunca desce para construir nada?

A palavra que veio foi rodamoinho, mas a imagem mental foi de um moinho de água, e ela referia-se à tutora estar sentada nele (como alguém sentado numa pequena roda gigante) e nunca descer.

O homem que vi no início e as expressões "Vovô" e "Vovô do vovô" me deram a impressão de que a gatinha estava olhando para algum antepassado da tutora (ou mais de um), um homem de negócios que perdeu tudo. Eu cheguei a ver um homem de terno e chapéu e talvez fosse a mesma pessoa cabisbaixa que tinha visto no início.

A mensagem da gatinha parecia ter ligação com esse/esses homem/homens. Talvez por lealdade ao seu sistema familiar a tutora não estivesse construindo um patrimônio. O inconsciente podia estar trabalhando nesse sentido (por amor aos que trabalharam e perderam tudo eu não vou ter nada, assim ficaremos todos iguais).

A pessoa que perde tudo fica arrasada e perde a esperança e a fé. O chacra coronário tem essa ligação com o divino e o da gatinha estava bem desalinhado, assim como o básico e o umbilical, que dão impulso e estruturam o caminhar pela vida.

Sugeri à tutora honrar esse(s) antepassado(s), reincluí-los na família como seres dignos e pertencentes, pois podem ter sido excluídos do respeito dos familiares.

Depois de passar o relato para a tutora, ela contou que isso fazia total sentido, pois seu bisavô, pai de sua avó paterna, perdeu tudo duas vezes. E o relato da imagem dele estava bem fiel à realidade e que, mesmo ela não o tivesse conhecido, sabia que tinha uma ligação de alma com ele.

Quando me pediu o atendimento que relato a seguir, disse:

— Sinto que aquele atendimento que você fez para a Florah foi essencial para a melhora dela, tudo foi mais rápido e mais fácil depois do seu tratamento energético.

COMUNICAÇÃO TELEPÁTICA

Em janeiro de 2023 fiz uma comunicação telepática com o gatinho Jhow, que é um felino que vive nas ruas e foi considerado pelo veterinário, após alguns meses, como um gato feral.

Na comunicação, nossas consciências foram levadas para um lugar sagrado. Ele perguntou que lugar era aquele e eu expliquei. Ele perguntou se era um lugar seguro e respondi que sim.

Informei que eu estava ali a pedido da tutora. Transmiti os sentimentos dela a ele, que ouviu, em silêncio, olhando para o lado, pensativo. Continuei falando e relatei os questionamentos da tutora, então ele disse:

— Sou uma alma livre, fui criado assim. Não sei ser diferente. Para eu ficar só dentro de casa, seguro como a tutora, preciso sentir que é divertido de alguma forma. Eu nunca tive alguém que se importasse assim comigo. Vivi e vivo essa vida solta e selvagem. Eu gostaria de ter um sofá para deitar, mas entrar numa casa é adentrar os seus mistérios. Não sei se estou pronto. A catarata será um problema nessa minha vida nômade, certamente. Eu não sabia que era tão bem-vindo assim. E se eu me sentir aprisionado ali?

— E se você não se sentir assim? Você entra e sai o tempo todo, me parece que você quer ficar – respondi.

— Eu quero ficar, mas tenho medo.

Conversei muito com o Jhow e num determinado momento, um dos meus gatos apareceu na comunicação e mostrou a vida dele aqui em casa para o Jhow. Disse para ele experimentar, pois ele já fazia parte da família, apenas não estava se permitindo aceitar isso.

Muitas cenas da vida do meu gato foram mostradas: ele recebendo carinho das mais diversas formas: no chão, em pé e deitado, na bochecha, na cabeça, na barriga. Ele na minha cama, no sofá, dentro de casa, no jardim, em cima das árvores etc. Também foram mostradas cenas da minha gata, que gosta de carinho, mas que às vezes morde e dá umas unhadas. Mostrei o quanto de carinho o primeiro ganha por permitir-se receber.

Enfatizei muito o quanto a tutora queria cuidar dele, permitir que ele ficasse seguro e saudável. Esclareci que ele não precisava fazer nada em troca disso tudo, apenas permitir-se receber amor e sentir amor em todas as suas células.

Conectei o meu chacra cardíaco ao do meu gato e ao cardíaco do Jhow, e do Jhow ao da tutora. Muito amor estava sendo emanado e perguntei a ele se ele conseguia sentir. Ele respondeu que sim.

Mostrei cenas do meu gato sendo pego, colocado na caixa de transporte, indo de carro ao veterinário. Mostrei como foi a consulta, ele recebendo sachê, tomando vacina, retornando pra casa e voltando a ficar solto no pátio.

Meu gato disse a ele que ele podia confiar, então o Jhow respondeu:

— Sim, estou dividido entra a velha vida e a nova. Tudo é muito novo para mim, me assusta um tanto, me sinto vulnerável demais permitindo tudo isso que querem que eu faça [tutora]. Mas eu vou pensar. O seu gato me mostrou a vida dele. A minha não será igual, mas eu entendo os benefícios. É meio difícil aceitar tanto amor assim para mim e que eu não preciso fazer nada além de permitir ser tocado e tratado, mas agora que eu sei que isso existe vou pensar [a respeito]. Eu não sabia que a tutora gostava tanto de mim. Obrigado por tudo até agora.

Perguntei se havia alguma coisa que ela poderia fazer por ele e ele respondeu:

— Pode tentar me conquistar com carninha. Frango. Eu sei que ela respeita o meu espaço e prefiro que continue assim. Deixa-me chegar devagarinho, senti-la, aprender a confiar. O tempo é sempre o segredo do amor. Gratidão por se importar tanto com o meu bem-estar.

Falei que a tutora pretendia mudar-se para outra casa e gostaria que ele fosse junto. Ele respondeu:

— Vou pensar. Já chega por hoje.

Na viagem de retorno do lugar sagrado para nossas vidas normais ele veio no meu ombro. Quando olhei para ele, ele quis me dar uma unhada e eu disse que não precisava ser assim, que ali estávamos em espírito. Ele disse: *Então não vai doer.* Respondi que sim, mas que era para ele aprender a conviver. Ele se absteve do gesto. Quando chegamos, ele se foi e o processo de comunicação foi encerrado.

O presente relato não recebeu todas as falas da comunicação porque a conversa foi longa da minha parte e ele ficou bastante tempo atento e um pouco surpreso, mas todas as falas dele foram transcritas. Deixei bem claro ao Jhow que ele tinha livre-arbítrio para decidir (afinal, gatos são bem orgulhosos). Essa foi a primeira vez que um dos meus gatos surgiu numa comunicação telepática com outros animais.

Enquanto eu transcrevia aqui a última fala dele, minha intuição disse-me que talvez o imenso desejo da tutora em ajudá-lo poderia estar gerando uma energia um pouco tensa na relação deles (uma leve pressão), e como ele era desconfiado, isso podia estar criando uma barreira invisível.

Como ele falou que "o tempo é sempre o segredo do amor", talvez fosse interessante à tutora "soltar" a situação, ou seja, sua preocupação com ele (muito linda, por sinal), permitindo que ele sentisse tudo mais leve. Também senti que se a tutora emanasse muito amor incondicional a ele, todos os dias, nem que fosse vendo-o de longe, isso poderia ser o cordão invisível que o traria para perto dela. É como se a visse sentada numa cadeira de praia, olhando para ele, sorrindo com a alma, enquanto do seu chacra cardíaco uma imensidão de amor incondicional se expandisse.

Eu já estava encerrando o relatório quando veio mais uma intuição, então eu disse à tutora para questionar a si própria quem a alma dela não tinha conseguido salvar no passado e, então, sentir em seu coração, deixar a emoção vir e apenas dizer: "Eu sinto muito, eu fiz tudo conforme a minha consciência da época, eu te amo, sou grata".

TRATAMENTO ENERGÉTICO DO FELINO JHOW EM FEVEREIRO DE 2023

Intenção de cura: sarna de ouvido, pata machucada, ficar calmo nos 21 dias de tratamento.

Foi identificada muita energia densa do umbigo para baixo: quadris, pernas e rabo. A perna direita parecia ser a mais afetada.

Na limpeza do campo energético houve intenso trabalho no ouvido esquerdo e na orelha esquerda. No finalzinho dessa parte, essa limpeza estendeu-se também ao ouvido direito, de forma mais breve, limpando todo o canal auditivo de um lado a outro. Quando essa energia de limpeza foi aumentada, eu o vi como um cordeiro, da raça Suffolk (cabeça e pernas escuras). Esse cordeiro foi energeticamente limpo, de dentro para fora. Podia ser um fragmento de consciência do Jhow que precisava de atenção.

Na limpeza de drenos e dos cordões energéticos foram identificados alguns maiores nos chacras cardíaco, laríngeo e coronário, e pequenos no corpo todo. Quando foi feita uma requalificação de energia houve presença de luz violeta do estômago para baixo e, simultaneamente, luz azul-índigo do chacra cardíaco para cima. A primeira transmitiu a informação de transmutação e a segunda de proteção. Anúbis apareceu e trabalhou muito no corpo dele. Uma roupagem densa de Jhow foi retirada, ficando uma nova e muito mais leve do mesmo Jhow.

No momento de expandir energia nele, Anubis, São Miguel Arcanjo e Kuan Yin estiveram presentes.

Também foi ativada uma cirurgia energética, que atuou intensamente nos quadris, nas pernas e na cauda e, por fim, nos ouvidos e nas orelhas. Intencionei que ficasse ativa por vinte e quatro horas. Todos os chacras foram limpos e reequilibrados.

Ativei, ainda, uma harmonização ambiental, e uma luz azul-claro foi fortemente estimulada sobre o Jhow, trazendo-lhe calmaria. Logo depois vi uma menina de cabelos castanho-claros, cerca de 7 anos de idade, deitada numa cama toda branca, com camisola branca; parecia ser em tempos mais antigos. Ela levantou-se e foi até a janela, mas lá só se via uma parede.

Vendo essa cena eu enviei a mensagem ao Jhow de que ele era livre e de estar livre neste tempo, que somente ficaria preso por vinte e um dias, pois precisava tomar medicação e recuperar-se para não adoecer gravemente. Essa menina parecia ser um fragmento de consciência dele também. Finalizando essa parte, luzes rosa-claro, azul-claro e branca foram ativadas nele e no ambiente, trazendo calma, aconchego e amor.

Por fim, quando ativada a elevação final da energia, muito choro reprimido foi desprendido dele. Foi o processo final de limpeza, nesse caso, emocional.

TRATAMENTO ENERGÉTICO DO FELINO JHOW EM MARÇO DE 2023

Intenção de cura: coceiras no pescoço que causavam feridas e agressividade.

O tratamento foi realizado numa câmara de cura espiritual. Logo que chegou, o Jhow tornou-se um felino bípede, do tamanho de um homem grande. Ele demonstrou estar disposto a colaborar com o atendimento.

Logo no início, vi um homem e, depois, uma mulher. Ambos batiam nele e Jhow tinha muita mágoa disso. O chacra laríngeo estava quase "torcido" de tanto que isso estava trancado. Ele queria falar, mas não conseguia. Talvez tenham sido tutores dele, nesta ou em outra vida. Ela parecia ser loira, de cabelo curto, e ele moreno claro.

Essa energia estava tão estagnada nele do plexo solar para baixo, que dentro de seu abdômen havia muita água e muitas pedras, formadas pela densa energia. Tive que pedir ajuda da egrégora para resolver isso, algo muito inusitado. Ela trouxe uma espécie de imã gigante, que atraiu as pedras para ela (e eram muitas), deixando um vazio de cor escura no abdômen do Jhow. Na sequência, muita luz violeta atuou em toda essa região, transmutando toda a energia densa e cicatrizando o corpo energético-espiritual.

Ativei a remoção de chips e a energia de elevação da imunidade, o que trouxe mais luz para essa região; foi quando ele conseguiu levantar. Já em pé, mais algumas pedras escuras caíram do seu plexo solar.

O desconforto na garganta, das coisas não ditas que acumularam as mágoas, começou a ser desfeito. Muitas ondas de luz azul irradiaram para todo o corpo dele quando ativada a requalificação de energia.

Na desobstrução do chacra cardíaco, Jhow estava com a energia boa na região, mas vinha forte a imagem daquele homem e daquela mulher. Pedi autorização ao Eu Superior deles para enviar amor incondicional. Ela precisava, emocionou-se e recebeu todo o fluxo enviado. Ele foi bem difícil de acessar. Pedi ajuda para a egrégora mais uma vez. Uma proteção foi colocada sobre ele e iluminou o seu entorno, como se estivesse numa caixa de vidro. Ele recebeu a luz sobre si com estranhamento, pois não sabia o que estava acontecendo; parecia nem reconhecer a luz. Pedi ajuda ao anjo da guarda dele para auxiliá-lo e encerrei a conexão com eles.

A cura bioenergética direcionou-se naturalmente e intensamente para a região do pescoço. O chacra cardíaco dele estava muito acelerado por terem sido mexidas todas essas questões emocionais. Fui acalmando-o para que ele entendesse que tudo isso era necessário, que estava tudo sob controle, que iria passar, e o chacra foi se harmonizando.

Ativei também a cirurgia energética, que ficou atuando de forma intensa na região do pescoço. Essa energia ficou ativa por 24 horas, atuando na cura, de dentro para fora, e na cicatrização das feridas.

Quando estimulei a limpeza ambiental da casa e de toda a propriedade, muita luz branca fez-se presente. Na sequência foi a vez da harmonização ambiental e, então, uma luz dourada surgiu.

Na elevação final de energia, uma coluna de energia, vinda do alto, apareceu, trazendo até ele um céu azul e nuvens brancas, como se algo novo tivesse se aberto para ele. A seguir, a energia do arco-íris chegou até ele, como um fortalecimento final.

Quando o atendimento terminou, ele ainda precisava recompor-se desse tratamento tão intenso, então ele ficou em repouso na câmara de cura e seria liberado em breve.

Tudo na vida vem a nós por ressonância e foi assim que Jhow chegou até a tutora. As coceiras, segundo a medicina germânica, têm a ver com conflito de separação. Sabíamos que Jhow tinha sido abandonado, então isso fazia sentido, mas também era importante a tutora olhar para isso em si mesma, verificar qual conflito de separação ela havia passado (de pessoas, de animais, de coisas de que gostava, luto etc.) que ainda poderia estar reverberando negativamente em sua vida, para que pudesse ser tratado e ressignificado.

TRATAMENTO ENERGÉTICO DO FELINO JHOW EM ABRIL DE 2023

O gatinho foi diagnosticado positivo para Felv e estava muito abatido. Confiava na tutora para alimentá-lo e cuidar dele, embora nunca tenha aceitado ficar de vez com a família (era livre). A tutora optou por não fazer o tratamento de saúde, pois ele a mordia e a arranhava quando tinha que tomar medicamentos e gerava muito estresse nele, algo terrível no final de sua vida, mas decidiu cuidar dele do jeito que fosse possível, dando-lhe qualidade de vida.

Pedi aos seres de luz presentes que intuíssem a mim, como terapeuta do Jhow, ou à tutora, sobre algum outro tratamento veterinário (ou não) que pudesse ser bom para ele de todas as formas.

Quando chegamos na nave para o tratamento, eu o vi, do pescoço para baixo, como um humano, de energia masculina. Logo de início ativei a cirurgia energética no Jhow, que intencionei que ficasse ativa por vinte e quatro horas, atuando a nível celular em todo o seu corpo.

Muita energia densa e escura foi retirada dele quando ativada a limpeza dos campos energéticos interno e externo. Havia um dreno energético considerável na nuca dele, que foi tratado quando ativado o corte de cordões e de drenos energéticos.

Quando foi ativada a requalificação de energia, senti muita dor emocional no chacra cardíaco. Vi uma libélula, com asas transparentes e corpo amarelo e azul-escuro. Vi um rapaz jovem olhando para ela. Ele estava com um dos joelhos no chão e quando a viu começou a levantar-se, vidrado nela. Ele usava um uniforme cinza-claro com um quepe preto; parecia ser um condutor de bonde do início do século XIX ou uma espécie de vendedor.

Seguindo os comandos de tratamento, vi, na sequência, esse rapaz na maca, no lugar do Jhow. Ele parecia sentir muita dor física, inclinava-se para frente quando a dor vinha forte. Vi também uma mulher loira, jovem, bonita e rica, e parecia que a seguravam (em pé) pelos braços para que ela não fosse até o rapaz; ela chorava desesperadamente olhando para ele. Havia muita dor emocional nessa cena.

O rapaz desencarnou e a moça desmaiou. A dor no chacra cardíaco aliviou. A alma do rapaz descansou. Veio pra mim um questionamento, se a tutora não estaria se sentindo assim em relação ao Jhow (como a moça em relação ao rapaz).

Ativada a desobstrução do centro cardíaco. A energia de Kuan Yin e de Jesus estiveram presentes, tocando o chacra cardíaco do Jhow (que tinha corpo de homem e cabeça de gato, como no início). Vi uma espécie de túnel dentro do coração, de fora a fora. Esse túnel foi sendo limpo e fechado, restaurando o coração. Logo a seguir, comecei a chorar, pois veio com muita força a informação de que aquele rapaz e que aquela moça eram a tutora e o Jhow. Veio também a frase: "A morte não é o fim".

Senti que ela e o gatinho viviam um reencontro, como um resgate, um aprendizado de que a despedida pode ser mais leve.

Depois dessa vivência o chacra cardíaco aliviou completamente. Então ativei a cura bioenergética e senti um alívio geral. Ativei também a harmonização ambiental.

Quando fiz a ativação final da elevação de energia, já para encerramento do atendimento, vi a moça e o rapaz de frente um para o outro, ambos sorrindo. Ela estendeu sua mão a ele (de forma leve) e, de mãos dadas, eles foram embora, juntos e felizes.

Pedi aos seres de luz uma mensagem para a tutora e veio isso: *"Apenas respire"*. E senti em mim o inspirar e o expirar, o ar entrando e saindo dos pulmões.

Concluído o atendimento, pesquisei um pouco sobre o arquétipo da libélula e encontrei que ela convida a sair do emaranhado de ilusões que impedem o ser de chegar onde seu espírito deseja ir. O chamado bate à porta para a mudança. O bater das asas da libélula convida a olhar a realidade de outra forma, a compreender a capacidade criativa e o divino potencial dentro de si. Olhar para dentro para romper com o passado e com a sede da ilusão. O infinito se oferece para quem escolhe ver além. Achei que isso definiu bem o que aconteceu com o casal, pois parecia terem ficado inconscientemente presos àquele momento de sofrimento do passado.

Após receber o relato do atendimento, a tutora disse:

— Eu sempre tive essa sensação de que o Jhow já foi humano. E, sim, me sentia dessa forma como você descreveu. Hoje me sinto mais leve e o Jhow parece melhor também. Sinto que esse atendimento já está colaborando muito no processo. Gratidão infinita pelo seu trabalho maravilhoso.

No dia 10 de maio de 2023, Jhow fez a passagem para o outro plano da existência. A tutora relatou que apesar de dolorido foi tudo muito leve e tranquilo. Ela conseguiu estar ao lado dele o tempo todo e disse ter sentido que estava tudo bem, sendo ele encaminhado com leveza, o que a confortou bastante.

Capítulo 3

SÉRIE DE ATENDIMENTOS AOS CÃES DA MESMA FAMÍLIA – BIBI, CACAU E DUDA

Dando início ao tratamento energético coletivo, ativei a proteção de todos os animais e um portal crístico. Um dos cães, chamado Bibi, veio me receber, estava com um sorriso leve no rosto. Tentei fazer o primeiro comando da energia, mas não consegui. O cãozinho Bibi disse: "Mônica, você é um ser livre. Lembre-se disso".

A seguir, uma nave muito luminosa surgiu e emanou muita luz branca para mim, de cima para baixo, passando pelos meus chacras.

A segunda tentativa de começar o tratamento também foi frustrada. De olhos fechados, vi um camelo nas pirâmides do Egito e esta frase veio à minha mente: "Ramsés, Ramsés, Ramsés".

Concentrei-me no nome "Ramsés" para saber do que se tratava. Nesse momento, meu quadril esquerdo doía. Senti que deveria colocar as mãos no quadril e repetir "Ramsés" várias vezes, ao mesmo tempo em que uma voz me dizia: "Acredita! Acredita!".

Passei essa energia pelo quadril até chegar à metade da lateral da coxa. Senti que houve uma cirurgia ali. A dor passou. Vi novamente as pirâmides e o camelo. Questionei o cãozinho e ele confirmou que ele era o camelo.

O ar no entorno das pirâmides era a mistura das cores verde-claro e azul-claro. Vi as pirâmides e a areia mudando de cor, até que as pirâmides começaram a ficar douradas, de cima para baixo, tornando o chão dourado, vindo em minha direção e passando por mim.

Milhares de naves sobrevoavam as pirâmides com rapidez, voando todas na mesma direção, passando por cima de mim.

Passado esse momento de conexão com o Egito, fiz a terceira tentativa e consegui finalmente ativar a energia de tratamento. Vários comandos de tratamento energético foram ativados e várias cenas envolvendo as duas cachorrinhas e o cãozinho surgiram, mostrando a movimentação da energia.

Em certo momento, o cachorrinho mostrou-se no corpo de um gato preto. Em outro momento, vi-me num círculo com eles, recebendo a energia. Meu chacra cardíaco ficou levemente dolorido.

Ao ativar a cura bioenergética, os três foram escaneados de cima para baixo várias vezes. Na expansão dessa energia todos ficaram com pontinhos de luz dourada em seus corpos.

Na ativação do último comando, vi a tutora no centro do círculo, recebendo uma espiral bem densa de luz branca, de baixo para cima. Essa luz branca tinha milhares de pontinhos de luz dourada.

Para aliviar a dor de cabeça que eu estava sentindo após o tratamento dos animais, coloquei as mãos sobre a cabeça e repeti "Ramsés, Ramsés". A energia das mãos foi ativada, mas eu lutava com o "Acredita! Acredita!", afinal isso tudo aconteceu assim, de forma repentina. Por fim, a dor de cabeça foi-se quando eu acreditei.

A terapeuta sempre trata o animal e, às vezes, o animal também ajuda a terapeuta. Gratidão!

COMUNICAÇÃO TELEPÁTICA COM UM DOS CÃES TRATADOS

Pedi autorização da tutora para fazer a comunicação com o cachorrinho Bibi, para ele explicar algumas coisinhas.

Logo de início, o cachorrinho mostrou-se como um humano. Usava uma roupa de manga longa, branco-prateada, o cabelo era castanho-claro, penteado para trás. Fomos parar no salão da nave. Apresentei-me e disse o motivo do meu contato. Perguntei se estava tudo bem para ele e ele respondeu que sim.

Uma das perguntas foi por que havia surgido a palavra "Ramsés" três vezes, no tratamento energético que fiz com ele e com as outras cachorrinhas da casa. Ele disse:

— Ramsés te deu a liberdade para você não ser mais escrava. Liberdade espiritual para você seguir sua jornada, sua missão. Não se comporte como uma escrava do sistema, você já está fora disso. Permita-se.

Perguntei como eu poderia fazer isso e ele, então, respondeu:

— Acredite. Um mundo de possibilidades está diante de você. Qual você escolhe? Ramsés foi seu rei. Você era escrava dele e o amava. Você suportou muitas coisas para estar perto dele, mas isso não é amor, é flagelo. Você se sente fisicamente fraca neste momento, sente seu corpo pesado, mas esse peso não é só físico e energético, é espiritual. Para você o amor humano é isto: algo pesado, que desanima. É fazer de tudo para que alguém que não te ama te note. Você ainda carrega isso até hoje. Ramsés desconectou-se da sua energia e te liberou para seguir somente com a sua e você precisava saber disso. Quem ama não escraviza o outro. O amor era só seu, não dele. Você era escrava de um rei e ele não te via como você queria, não te amava como você queria ou merecia. Esse peso é o que você precisa deixar para trás. Você é livre agora, fisicamente. Sua alma também é livre para amar de verdade. Agora você pode ser amada por um igual seu, mas isso não impede que alguém poderoso te ame, porque hoje todos são livres para amar. Não existem mais as hierarquias de um reino, você não vive mais naquele tempo. Entenda que não se tratava de rejeição, mas de classes sociais, poder e coisas do gênero. Você pode, sim, ser amada por qualquer pessoa. Você não é menos do que ninguém. Ilumine sua alma para que ela brilhe e seja alcançada pelos olhos do amor verdadeiro. Deixe esse peso do passado para trás. Hoje, trabalhando, você ainda contratura seus músculos, porque se não for assim parece que você não trabalha. Liberte-se dessa ilusão também. Ramsés te ama com a força do verdadeiro amor incondicional e deseja a sua elevação e a sua expansão. Quando você for verdadeiramente liberta e feliz, ele será ainda mais. Diga, agora, os decretos que sentir para devolver ao passado o que é do passado e, assim, abrir espaço para o novo surgir.

Eu, então, segui minha intuição e disse:

— Eu, Mônica, te honro, Ramsés, por me ver ao longo desses séculos e por me amar de forma tão elevada.

O Eu Superior do cachorrinho continuou:

— Um amor correspondido pode ocorrer em classes sociais diferentes ou na mesma classe. Trata-se apenas de almas que são afins, de energias compatíveis, não se trata de desprezo, rejeição ou humilhação. Eis uma lição valiosa e você merece aprender: o amor vem livre e vai livre. Ame com total liberdade de alma. Só assim saberá quem te ama de verdade e poderá valorizar esse amor em sua plenitude. O amor te encontra quando você já o tiver encontrado dentro de si mesma. O amor de dentro é apenas a expansão do amor de fora e vice-versa. É como encontrar-se consigo mesmo. Sinta o amor que quer viver. Eis a chave da sua libertação. Se não for para te fazer completamente feliz, então não é o amor que você merece. É simples assim. Entenda, então, que nunca foi por você ser feia e, sim, por você ser de classe social muito diferente. Simplesmente não era possível, não era o seu tempo de ser rainha sob forma alguma. Cada vida tem seu propósito e as suas realizações e aquela não era a de ser feliz no amor, pois havia questões a aprender, a resolver e a resgatar. Só isso. Diferente da sua vida atual. Repito: sinta o amor que quer viver e ele virá exatamente como você deseja que ele venha. É assim que funciona. Quando você entender, sentir e viver o amor de forma livre, incondicional, ele nunca mais conseguirá ficar sem você. Fale sobre isso com você mesma todos os dias.

Aqui a comunicação encerrou-se naturalmente.

Capítulo 4

SÉRIE DE ATENDIMENTOS À FAMÍLIA APÓS A EUTANÁSIA DA CACHORRINHA NINA

Estabelecida a comunicação telepática com a cachorrinha Nina, transmiti a ela o sentimento de amor, conforme o pedido da tutora. Informei-lhe de que a eutanásia tinha sido uma decisão sugerida pelo veterinário devido ao grande sofrimento que ela estava passando. Sua tutora declarou ter feito tudo por ela nos dois últimos anos, mas que mesmo assim ela continuava em sofrimento. A cachorrinha também foi informada de que, em decorrência da eutanásia, sua tutora estava em grande sofrimento, sentindo muita tristeza, que seus batimentos cardíacos estavam descontrolados (arritmia cardíaca) e que ela estava depressiva.

A tutora pediu que a cachorrinha recebesse esta mensagem:

— Meu amor, perdoe-me se te magoei. Quero que você seja feliz. Foram dez anos muito felizes juntas. Procure fazer o seu treinamento espiritual. A mãe vai sempre te amar. Você é única. Te amo. Meu amor, você foi muito amada e todos te admiravam por ser tão carinhosa.

Em resposta à mensagem da tutora, a cachorrinha respondeu:

— Eu fiz o melhor que pude. A culpa não vai te levar a lugar nenhum. Siga sua vida com paz no coração. Não estamos no mundo para a infelicidade e, sim, para amar sem medidas. Tudo foi feito pelo meu melhor e eu sei disso. Você também sabe disso, então não há porque sofrer. Nossa jornada juntas teve fim, mas nosso amor continua. Se você ficar bem, eu fico bem também, afinal, somos um só amor em duas almas. Lembre-se de que o seu sofrimento me atinge e eu preciso da sua paz para seguir a minha jornada. Pense se vale a pena ficar como você está, se isso vai te levar a algum lugar positivo. Se não for levar é porque é hora de mudar os pensamentos e os sentimentos. Adoecer não nos faz melhores; sofrer também não. Nascemos, crescemos e vivemos para o amor e para a alegria e um momento de separação não deve destruir quem somos em essência. Somos luz divina, somos o próprio divino em nós, e o divino é elevado, é alto, em amor, em paz, em sorrisos. Lembre-se de mim com gratidão. Sorria pelas coisas boas que vivemos. Seu sorriso é o ouro da sua alma. Talvez agora tenha chegado o momento de mais sorrir em sua vida: sorrir com o coração, aquele sorriso que vem lá de dentro, abrindo as portas da alma e olhando o céu, contemplando Deus e toda a existência. Onde quer que você olhe a obra de Deus eu estarei lá, porque somos todos da mesma fonte, e se assim for, nós duas nos encontraremos o tempo todo, em todas as coisas: no céu azul, no canto dos pássaros, no choro ou no riso da criança, no abraço de um amigo, na oração mais sincera de agradecimento. Nós duas sobrevivemos pelo mesmo motivo: respiramos o amor divino. O fato de não podermos nos tocar fisicamente muda apenas isso, o físico, o resto continua existindo. Nós nos apoiávamos na presença e no amor uma da outra, agora nos apoiaremos cada uma em si mesma, baseadas no que aprendemos e no que a vida nos ensinará de agora e adiante. Tanto você como eu somos fortes. Seja a sua melhor companheira. Ame o seu corpo e a sua vida. A sua existência na Terra tem um propósito e nada mudou só porque eu estou em outro lugar. Te apoiei o tempo necessário. Agora, você segue outra etapa de sua vida, na qual se encontrará com sua força interior, com sua fé. Eu confio em você e conheço o seu potencial. Se você ainda não o vê, descubra-o. Eu te amei a cada minuto da minha vida – prosseguiu Nina. E isso continua igual aqui onde estou. Lembre-se disso. Eu fiz o melhor que pude na Terra e sei que você também fará o seu melhor a partir de agora. Você pode, você consegue, você é capaz. A dor vai passar, a minha e a sua, porque estão interligadas. Espero que você fique forte por você, por mim e por esse planeta, que precisa da sua luz. Nenhum problema físico (de saúde) é limitador do amor e do ato de amar. Deixe o mundo ver o amor que há dentro de você. Do amor vem a força, a sua garra, a vontade de auxiliar, de curar-se, de ser feliz. The love is the question.

A cachorrinha continuou sua comunicação, dizendo:

— Fica bem. Lembre-se de que o sofrimento que eu passei não existe mais. Não sofra mais do que o real, não permita que sua mente crie mais dor se o seu coração sabe que só o amor é real. O resto é ilusório e passageiro (embora pareça que é eterno). Agradeço por suas palavras e por seu carinho. Está tudo bem comigo, não se preocupe. Fica bem, mãe, para que eu possa seguir minha jornada em paz. O meu sofrimento não acabou para que o seu começasse. Ambas devemos ficar isentas do sofrimento. Se a vida nos traz uma doença, vamos entender a causa e tentar curar ao invés de nos afogarmos nela. Muito do que atinge o corpo é mal da alma. Não alimentemos o mal com nossa mente. Sigamos gratas por toda a felicidade vivida. Curemo-nos! Lembre-se de mim saudável e feliz. A doença não existe mais em mim e não deveria existir em você também. Observe o que é real e o que não é. Cuide-se aí, eu estou sendo cuidada aqui. Te amarei para sempre, com alegria e muito carinho. Quando pensar em mim sorria, pois eu vou lembrar de você assim também. Seja este o nosso trato: lembrar sorrindo, lembrar amando, lembrar agradecendo. Gratidão por tudo o que você fez por mim. Eu sei de cada pedacinho de tudo. Agora faça o mesmo por você. Eis o seu aprendizado e o seu tema de casa.

A comunicação encerrou-se aqui.

TRATAMENTO ENERGÉTICO DA CACHORRINHA EUTANASIADA

A segunda parte do atendimento foi o desligamento e o encaminhamento espiritual da cachorrinha. Nessa etapa foram usadas várias técnicas energéticas, espirituais e de ThetaHealing, que tiveram a função de reconstituir o corpo energético-espiritual da cachorrinha, retornando ao seu estado original de saúde, equilíbrio, leveza e total reconexão com o divino. Também foi trabalhado o aspecto mental dela por meio da substituição de crenças, emissão de decretos e muita energização. Ela esteve muito receptiva a tudo, sabia ser merecedora de todo esse processo.

São Miguel Arcanjo, Jesus, Kuan Yin e Saint Germain foram as energias que atuaram nesse atendimento. Quando ela ficou pronta foi amorosamente encaminhada ao Templo do Amor Divino de Kuan Yin, onde foi recebida por muitos seres de luz. Kuan Yin a recebeu em seu colo, pleno de amor e de luz. Os animais ficam lá por um tempo, depois seguem sua jornada conforme a espiritualidade determinar.

TRATAMENTO ENERGÉTICO DA TUTORA

A terceira e última parte do atendimento foi o tratamento energético da tutora, que relatou ter desenvolvido arritmia cardíaca no dia seguinte à eutanásia da cachorrinha.

Ao me conectar com ela senti uma dor muito forte no coração. Doía fisicamente em mim, no entanto era perceptível que a dor era emocional. Usei energia de limpeza profunda dessas energias densas, inclusive em aspectos multidimensionais. Depois enviei energia para lhe proporcionar serenidade, paz e alegria de viver. Todas essas energias atuaram nos aspectos mental, emocional e espiritual.

Durante o atendimento tive algumas intuições e sugeri à tutora que, em um momento de relaxamento, colocasse uma música suave e amorosa e fizesse os exercícios a seguir com calma, prestando atenção nas palavras e sentindo cada uma delas. Eu já tinha feito esse exercício por ela durante o atendimento, mas senti que ela mesma deveria fazer para curar sua alma, usando suas emoções e também o seu mental. Orientei que repetisse quantas vezes fossem necessárias até que sentisse o efeito de cada exercício, por serem simples e rápidos:

1. Diga para si mesma, em voz alta, com a mão no coração: eu me permito chorar pelo passado.

2. Diga para si mesma, em voz alta, com a mão no coração: "Eu sou forte o suficiente" (feche os olhos e veja o céu azul, sorria, sinta a sua força).

3. Diga para si mesma, em voz alta: "Eu estou viva, eu sempre estive" (sinta isso).

4. Com a mão fechada (como se fosse bater numa porta), dê leves batidinhas leves em seu peito, de forma que essas batidinhas formem um círculo, e simultaneamente vá dizendo: "Eu sou livre. Eu sou livre" (repita e vá sentindo isso).

5. Com a mão direita no coração diga em voz alta: "Eu me permito sentir e deixo ir".

Quando elaborei esses exercícios, de forma intuitiva, eu os fiz porque senti, no primeiro deles, que existia um luto não vivido (por morte ou por separação) e com a partida da cachorrinha essa dor acumulou-se na tutora e ela adoeceu.

No feedback do atendimento, a tutora relatou ter acordado sentindo uma imensa paz. Essa informação reforçou o entendimento de que o que afetou o seu coração tinha fundo emocional fortíssimo. Ela também relatou que o relacionamento com seu filho humano estava abalado havia algum tempo, ou seja, havia, de fato, uma dor de separação latente, agora acumulada com a morte da cachorrinha.

Capítulo 5

COMUNICAÇÃO PÓS-EUTANÁSIA COM A CACHORRINHA MEL

Antes de começar o atendimento da cachorrinha Mel, eu estava mandando energia de amor incondicional para outro cachorrinho que se despedia da vida física. Ela apareceu na minha tela mental querendo energia também, então acabei enviando para ambos.

Mel foi eutanasiada pela tutora, que é veterinária. Todas as perguntas e mensagens da tutora foram comunicadas à cachorrinha. Na sequência do texto estão as respostas.

— O que é perdão? É dizer que alguém errou. E o que é confessar um erro? O que é acusar alguém de erro? É uma dor infinita na alma, então não falamos em perdão, não mais. Senti medo, sim. É diferente morrer naturalmente da morte pela eutanásia. Eu sei que você estava cansada e com dores e que fez o que pôde, por fim. Sou grata por isso. Seguiu sua consciência e é isso o que importa. Não sei quanto tempo mais eu teria vivido se aguardasse a morte natural. O sofrimento físico não se compara aos sofrimentos da alma e do espírito. Os humanos se atormentam e sofrem devido aos seus pensamentos e, assim, adoecem. O sofrimento físico existe e cada um suporta como pode. Os animais não falam com os humanos, talvez por isso aceitem o sofrimento físico como parte da ascensão do espírito. Não é bom sentir dor, mas sabemos que ela não é eterna.

Perguntei como ela estava e ela respondeu:

— Não sei dizer. Não estou mal nem bem. Aceito todo o amor do mundo em forma de sentimentos, de orações, de energia, de emoções, o que for. O processo de transição requer muito amor. Quando encarnamos na Terra temos todos uma missão, humanos e animais. Nossos caminhos cruzaram-se porque assim deveria ser. Você não questiona os motivos nem os aprendizados e as lições. Talvez não tenha consciência disso ou talvez esteja tudo claro para você. O que importa é que nenhum relacionamento ocorre sem aprendizado mútuo. Eu te ajudei enquanto pude. Até a minha doença era para te trazer ensinamentos e esses passam pela morte e pelo além. O que você faria de novo e o que faria diferente são os ensinamentos que ficam. Eu te pergunto se tem sentido o teu coração, se tem ouvido sua intuição ou vivido no piloto automático. Todos os sacrifícios feitos por outrem são valiosos, mas o que tem sacrificado negativamente em sua vida? O que ainda precisa ver, sentir e ouvir com a alma e com o coração? Não deixe que a ciência, a rotina e a exaustão mandem na sua vontade. Ouça os apelos da sua alma, o chamado do seu coração. Não falo de amor romântico, falo de todo o amor que existe em todas as coisas e em todos os seres. O quanto você tem amado e se conectado com o amor nas pequenas e nas grandes coisas? Desejo a você uma imensidão de amor em seus olhos, em seu falar, em seu ouvir e em seu sentir. Desejo que o amor te encontre e pegue em seu pé para nunca mais soltar. Eu sei que você fez tudo o que pôde, o que sabia. As decisões tomadas influenciam tudo o que há. Você poderá viver o novo ou repetir padrões de pensamentos e atitudes. Não estou aqui para nada além de te amar. Quero o seu bem e a sua evolução para todo o sempre. Permita-se respirar e intuir o que seus mentores querem te dizer. Conecte-se a eles. Observe os sinais. Agradeço por todo o amor que você me deu, a mim e a outras. Sei dos seus sacrifícios. Qual foi a dor pessoal, não relacionada a mim, que você queria que acabasse junto com a eutanásia? Essa pergunta provavelmente não terá uma resposta rápida. Sugiro fazer essa pergunta para si mesma e deixar a resposta em aberto. Ela virá no momento certo. Gratidão por ter me amado. Eu também amo você. Agora entendo os seus motivos. Sinto-me em paz, enfim.

    A comunicação encerrou-se nesse ponto. Na sequência, fiz o corte dos laços energéticos, mentais e espirituais entre a tutora e a cachorrinha, relacionados ao apego e à culpa, a fim de que ela seguisse sua jornada evolutiva tranquilamente. Perguntei à cachorrinha se ela queria ir ao Templo do Amor Divino para se recuperar e ficar lá até que estivesse pronta para a próxima etapa evolutiva e ela concordou. Foi recebida com muito amor por seres de luz, em especial por Kuan Yin, pois é o templo dela. Lá, vi a cachorrinha mudando sua forma física, não ficando definido se era animal ou humana. Ela estava libertando-se da roupagem de cachorrinha para ser ela em essência, como foi criada.

Capítulo 6

COMUNICAÇÃO COM O GATO FALECIDO HÁ TRINTA ANOS

O Eu Superior do gatinho, que quando encarnado chamava-se Machão, mostrou-se como um jovem rapaz de cabelo e olhos castanho-claros. O cabelo estava solto e era comprido até a altura dos ombros. Ele usava uma veste cor azul-cobalto, como se fosse de um guerreiro espiritual, e tinha uma espada. Personalidade marcante, disse que sua função era proteger e guerrear se fosse preciso.

Eu disse a ele que ele me lembrava São Miguel Arcanjo e ele apenas respondeu:

— Entendo.

Também comentei que ele parecia ter uma personalidade diferente do gato falecido há trinta anos, que parecia ser bem humilde, bem simples. Depois de me ouvir, disse, então:

— Muito tempo já passou. Uma parcela de mim era o seu gato. Apenas uma parcela. Ele foi um bom gato para sua família.

Perguntei se ele ficou magoado com a tutora (que na época era uma criança) porque parou de tocá-lo por conta da doença de pele que se manifestou nele.

— Tudo bem, eu entendo – respondeu.

Sobre a partida repentina dele (nunca souberam o que lhe aconteceu) falou:

— Eu não tinha como avisar que ia embora. Meu tempo ali havia acabado. Criei uma forma de partir. Não houve sofrimento além do necessário para processar o meu desencarne. Não era minha missão ficar velho e doente junto à família. Gatos são assim, cães também. Quando chega a hora de ir, simplesmente vão. Os humanos não entenderiam se falássemos.

— Não tenho mágoa dela (tutora) – continuou. – Não tenho motivos para isso. Eu sabia mais de tudo o que acontecia do que ela.

Falei que ele ainda era muito amado pela tutora e sua família e respondeu, sorrindo:

— Gratidão! Um vínculo é sempre um vínculo e o nosso foi de amor. Amei-a cada dia da minha vida. Estive ali por ela, principalmente. A harmonia sempre esteve entre nós e sempre estará. Uma conexão leve de seres que se amam. Estive como gato ao seu lado porque era para ser assim, esse acesso pleno.

Perguntei qual era a missão dele com a tutora.

— Proteger, cuidar, amar – disse ele.

Questionei também se ele estava encarnado atualmente e ele afirmou que sim.

— Você é um protetor? – perguntei.

— Certamente – respondeu, sorrindo.

Pedi para ele me mostrar onde estava naquele momento. Ele mostrou-me uma sala clara, com acesso à luz natural pela porta de vidro, e um gato num sofá claro. Parecia ser ele aquele gato.

Logo voltou a focar no lado espiritual e mostrou-me, no astral, sua potência espiritual. Uma coluna fortíssima de luz branca, ultrapassando várias dimensões, surgiu, uma luz que protege e que limpa. Ele ergueu sua espada num gesto gentil e cheio de amor. Quando desceu a espada, ela estava emanando uma energia branca muito vibrante, ativa, com luz azul igualmente vibrante ao seu redor. Parecia uma espada mágica de tão vibrante que era a energia dela.

Ele mostrou-me uma cena de minha vida passada (sim, eu, terapeuta) e perguntei o motivo. Ele respondeu que era para eu saber e curar. Depois ele mostrou-se com o cabelo bem loiro, mas vestido da mesma forma que antes. E mandou uma mensagem para a tutora:

— Trinta anos é muito tempo. Siga sua vida com paz, harmonia e amor. O passado já passou, cumpriu seu propósito em nossas vidas. Ame a todos agora, humanos e animais. Eu vejo a sua luz daqui e sempre te acompanho. Nós dois temos missões neste planeta e estamos e estaremos atentos a isso, cada um no seu propósito. A força que nos une você ainda vai conhecer um dia e tudo saberá.

No momento, basta ser feliz e amar e terá feito deste planeta Terra um lugar melhor para si e para os que te cercam. Minha espada sempre te protegerá, porém não pense em mim como o gato, mas como alguém que zela por você no astral, assim como tantos outros que te amam. Segue a sua jornada com fé e esperança e tudo se cumprirá no momento certo. Está indo bem. Seu chamado a servir o planeta com o seu amor está ativo, mantenha-se conectada. O amor sempre responderá a todas as perguntas.

E continuou, dizendo:

— Quando pensar em mim, pense em todos os seres de luz que te acompanham, te cuidam, te protegem e te amam. A rede de conexões é imensa e talvez infinita e o amor sempre te conectará a todos, onde quer que estejam. Na Terra só existe solidão aos desconectados dessa rede. O seu gato atual sabe o que te agrada e fará sempre alegrar o seu coração. Ame-o e cuide dele, ele já te ama há milhares de anos (um dia entenderá).

A tutora queria saber se o gato atual dela era a reencarnação de seu gato da infância. Ele não respondeu claramente, mas o lugar que ele mostrou estar era muitíssimo parecido com a residência da tutora. Além disso, o atual gato a amava há "milhares de anos".

Capítulo 7

COMUNICAÇÃO TELEPÁTICA COM O CÃOZINHO DESENCARNADO FREDDY

A nave pairava no espaço infinito. Eu e o cãozinho Freddy sentamos em poltronas de frente para uma grande janela de vidro, olhávamos as estrelas e conversávamos. Ele disse:

— O tempo na Terra é tão diferente do tempo espiritual! Olhando daqui, minha vida lá passou rápido demais. São mundos diferentes, mas não nos esquecemos das ligações que temos na Terra. Amores e dores, todos os animais lembram-se. Minha tutora foi a minha missão. Cuidei dela o quanto pude, todos os dias da minha vida, mas chega uma hora que a missão finda. Para os humanos é muito difícil a separação. É doloroso, sofrido. Para os animais não é assim, temos uma compreensão mais clara dos movimentos de ida e vinda na vida uns dos outros, mesmo que não saibamos quais serão os novos passos rumo a uma reencarnação. A tutora pode ficar tranquila, pois estou bem. Agradeço por seu infinito amor e cuidado, até o fim. Não me importo se ela não olhou o meu corpo depois que minha alma se desligou naturalmente. Para mim, o que importa é a forma como ela me amou e se amou. Espero que ela esteja olhando para si mesma com bastante cuidado, respeito e amor. Às vezes, algumas situações inevitáveis, como a minha partida, trazem desequilíbrios emocionais. Isso é normal no início, mas o mesmo amor que eu recebi eu quero que ela dê para si mesma. Eu estou em paz aqui no astral, pois tudo ocorreu dentro do planejado para minha encarnação lá com ela. Agora que ela já sabe amar verdadeiramente, ela pode amar imensamente a si mesma.

Mensagem para a tutora:

— Toda, toda vez que você se amar eu estarei sentindo o seu amor também e isso é fruto da nossa ligação. Sempre emanarei amor a você, um amor desapegado, mas imenso. Não me importo que você tenha outro animalzinho quando se sentir pronta. O amor para cada ser é único e infinito e é muito bom ver quem amamos feliz. Almas felizes desejam a felicidade. Almas que amam desejam o amor. Gratidão por tudo o que você fez por mim durante toda a minha vida. Você foi linda, amorosa e gentil. Agora seja [tudo isso] com você mesma. Sempre sorrirei ao ver você plena. Onde quer que eu esteja, sentirei vibrar dentro de mim a sua plenitude, como se ondas eletromagnéticas chegassem até mim e inundassem a minha alma. O amor é lindo aí na Terra, mas aqui sentimos muito mais todas essas emanações, pois não há barreira física. Seria muito importante se todos os tutores emanassem amor aos seres que amam e que estão em outro plano. Isso seria esplendoroso, grandioso, imensamente lindo.

Outra mensagem direta para a tutora:

— Lembre dos sonhos para a sua vida, dos sonhos para dentro de você e dos sonhos para coisas de fora. Sonhar alimenta a alma, eleva a sua vibração e a sua luz. Quando se lembrar de mim, encha o seu coração de amor e me mande. Eu vou amar! Faça isso sempre que sentir saudade, é uma forma de transformar tristeza em luz. Eu sinto a nossa ligação de amor bem viva e, de fato, está. É possível continuar amando alguém que não se pode tocar, nem cheirar, nem sentir a temperatura, pois o amor sempre esteve em tudo isso, mas independe disso. É uma ligação invisível, mas muito real, que não se desfaz, mesmo que passem décadas, mesmo que nunca mais lembremos devido aos acontecimentos da vida. No entanto, quando nos reencontramos, esse amor ilumina as almas completamente e elas sabem que já se amaram antes. Um dia iremos nos reencontrar. Eu, hoje, ainda não sei do meu futuro, mas estou com o coração em paz para qualquer missão, em qualquer lugar, em qualquer espécie. Você tem agora um tempo só seu, no qual poderá praticar o autoamor baseada em todo o amor que soube me dar. Estamos aqui, olhando as estrelas. Talvez um dia vocês as olhem e pensem em mim. Mas não canse muito seu pescoço porque pretendo ficar para sempre no seu coração, de forma leve, fazendo sua alma sorrir e se sentir feliz e realizada pelo tempo em que vivemos juntos. Leia 1 Coríntios 13.

Na Terra você foi a mãe do cãozinho. Agora eu sou a centelha divina, pura, sem esse nome, mas continuo sentindo amor por você, como sempre.

Capítulo 8

COMUNICAÇÃO TELEPÁTICA E TRATAMENTO DA CANINA AMORA LINDA

A cachorrinha Amora Linda mostrou-se muito conectada à tutora e a tutora à cachorrinha. Durante quase uma hora fiquei tentando me comunicar de forma eficiente com ela e foi trabalhoso. A presença da tutora era muito forte sobre a cadelinha. No processo de elevação de nossas consciências para dar início à comunicação, a tutora estava muito presente, sempre de olho na cachorrinha. Confesso que já senti campo pesado ao tentar me comunicar com um animalzinho, mas ver o tutor colado no animalzinho dessa forma foi a primeira vez.

Diante dessa situação, pedi ajuda aos mentores da tutora para que a orientassem a desapegar-se a fim de que a comunicação pudesse ocorrer (no dia seguinte a tutora relatou que após uma hora do horário marcado para a comunicação ela sentiu sono e foi dormir, sendo que nunca dorme naquele horário).

Quando consegui fazer a elevação da consciência com a cachorrinha fomos para um lugar com um gramado muito verde e muito abundante. Ela deveria estar leve ali, pois era um lugar espiritual, mas ela ficava procurando a tutora, ansiosa, e a presença da tutora pairava sobre ela continuamente. Expliquei à Amora Linda que sua tutora havia me autorizado a estar ali com ela, que ela a estaria esperando logo que acabasse a nossa conversa, que logo elas estariam juntas novamente. Tive que insistir e repetir a explicação toda, pois ela estava bem ansiosa procurando a tutora. Quando finalmente entendeu ficou surpresa e aquietou-se um pouco.

Dei início ao processo de comunicação propriamente dito, falando do amor da família por ela, então ela deitou-se de barriga para cima e ficou toda dengosa. Falei também que para a família ela era o melhor cachorro do mundo, que sentiam muito pelas coisas que ela havia passado e que sempre iriam protegê-la, e ela ficou muito contente.

Falei sobre ela puxar demais a guia, sobre a tutora já ter caído em função disso, sobre as crianças não poderem levá-la para passear devido a esse comportamento, sobre ela querer avançar ou latir para outros cães, e ela disse que queria proteger a família das pessoas más quando fazia isso. Perguntei a ela se não poderia proteger apenas nos casos de ameaça real e ela disse:

— Todas as pessoas são ameaças.

Perguntei como ela se sentia sabendo que, por causa do comportamento de puxar a guia, a tutora já tinha caído, e ela respondeu:

— Aquilo não vai mais acontecer.

Questionei como ela sabia disso e ela ficou em silêncio.

Tentei combinar com ela comandos para ela saber diferenciar as ameaças reais das pessoas comuns, dizendo que quando a família se sentisse ameaçadas diriam "Vai" e que quando ela se enganasse na avaliação da periculosidade de alguém a família diria "Junto". Ela permaneceu em silêncio. Senti que a comunicação com ela foi se perdendo, havia uma sombra entre nós. A energia foi ficando pesada e pensei seriamente em desistir da comunicação e fazê-la em outro dia.

Tentei mais uma vez e reestabeleci o contato. Falei, então, sobre ela comer menos para não engordar, enfatizando que nunca faltaria alimento. Houve apenas o silêncio como resposta.

Tentei mais uma vez normalizar a comunicação e não consegui, então fiz ho'oponopono para ela e quando terminei veio a intuição de antecipar a parte do atendimento energético, mas não mais para tratar os traumas dela e, sim, para fazer uma limpeza energética profunda.

Comandei a requalificação de sua energia interna e externa, fiz corte de cordões e de energéticos, comandei a elevação da energia dela, trabalhei a desobstrução do centro cardíaco, ativei curas física e energética, pedi autorização para os seres de luz que cuidavam da sua família/casa para fazer limpeza no ambiente (muita luz branca envolveu todos os cômodos, foi muito bonito) e, então, encerrei o tratamento dela.

A partir disso, eu vi sua energia toda clarinha e ela super sapeca e feliz no local em que estávamos. Ela começou a correr com outros cães, como se estivesse aprendendo como é estar com eles.

Retomei a comunicação, que passou a fluir bem, finalmente. Comentei com ela sobre a questão de ela lamber e morder as patinhas e ela comentou que tinha a ver com a luta diária da tutora para se manter firme na vida. Ela sentia essa pressão energética e reagia dessa forma.

Perguntei se ela tinha uma mensagem para a tutora e ela disse:

— As suas feridas ainda doem, mas é possível curar todas elas. Não existe nenhum problema em se sentir frágil ou vulnerável, isso não é fraqueza. Trabalhar demais faz bem? A quem? Sua alma nasceu leve e livre e isso nunca será diferente, mas é necessário soltar as correntes. Pode ter tudo o que quiser vivendo mais leve. Sim, isso é possível. Os que te machucaram precisam do seu perdão, permita deixar ir quem já foi. Sua experiência te fez forte, mas abra as asas da sua alma. Deixe que o inesperado te surpreenda com alegrias e sorrisos, e o que não for assim você saberá resolver. Não se feche, não se esconda nessa concha, sob esse escudo. Eu vejo as suas lágrimas. E você pode chorar de emoção e de alegrias também.

Quando a cachorrinha citou isso, eu vi a tutora toda de branco, com a pele bem clarinha. Ela segurava um escudo numa mão e uma espada na outra, e havia lágrimas em seu rosto.

E a cachorrinha continuou:

— Quando controlamos, acabamos fechando portas lindas que expandem a alma e o coração. O que passou, passou, deixe ir. Saberá que estará curada quando a lembrança não te fizer chorar nem seu coração apertar. Você e seu sobrevivemos. Vencemos. Estamos bem. Agora é tempo de ser leve, alegre, positiva.

Perguntei à cadelinha se ela tinha mais alguma coisa para dizer à tutora e ela respondeu:

— Eu adoro brincar. – Eu a vi brincando e interagindo com outros cães no local em que estávamos.

Perguntei como a tutora poderia ajudá-la a ser mais feliz e ela disse:

— Sendo mais leve, permitindo-se a si mesma não controlar tudo. Deixar, aos poucos, a confiança voltar. Ir testando, aos poucos, vencer os medos, um a um, todos os dias um pouquinho. Você não quer que te firam o coração, então eu te protejo para que ninguém chegue perto.

Questionei sobre sua compulsão alimentar e ela falou:

— É a ansiedade, a energia. Me dê menos comida, mais vezes ao dia. Me ajude a ter que caçar/catar minha ração. Isso vai me distrair.

Perguntei sobre a questão de destruir as coisas quando não tem ninguém em casa:

— Tédio, comida fácil, ansiedade da mãe, culpa da mãe por não estar em casa controlando tudo.

Falei para a canina que a tutora a amava muito e ela respondeu:

— Eu também a amo, mas podemos ser mais leves, nós duas. Somos uma única energia.

Quando comentei sobre a filha mais velha da tutora (adolescente), ela demonstrou muito amor por ela, considerando-a como sua irmã, sinônimo de carinho e aconchego. Falei também da outra filha da tutora (criança), que ela mostrou como sua irmã caçula, e também sentia muito amor por ela.

A cachorrinha enfatizou que queria brincar mais e novamente a vi brincando, em um parque ou praça. Sobre isso veio-me a necessidade de adestrá-la na socialização com outros cães, e insistir caso já tivesse sido feito antes.

Sobre o cão que a família queria adotar, eu senti que se ela aprendesse a socializar seria tranquilo para aceitar outro cãozinho. Vi-a brincando com ele em cima do sofá. A única coisa que ela expressou foi não querer dividir a cama da tutora (e dela) com ele. Sobre ela dormir na cama da tutora, ela disse que gostava de dormir ali e que se tornara um costume.

Perguntei, por fim, se ela já havia feito parte da vida da tutora antes. Ela respondeu:

— Sim, mas o passado deve ir, lembra-se? Não existe separação de almas, elas sempre se reencontram. Essa dor ela não precisa carregar em relação a nenhum animal que passou por sua vida. Cure suas dores!

Depois dessa comunicação a família adotou o outro cãozinho. Amora recebeu-o bem em sua casa. Ele fez o reconhecimento de todos os ambientes e quando entrou no quarto da tutora, a cachorra subiu na cama e ficou parada lá, numa postura de *aqui, não*.

A tutora fora vítima de violência doméstica, assim como a cachorrinha. Ambas foram agredidas pelo ex-marido da tutora. A cachorrinha protegia excessivamente a tutora por causa do medo que ela ainda sentia das pessoas.

Capítulo 9

SÉRIE DE ATENDIMENTOS A CÃES E GATOS DA MESMA FAMÍLIA

Comunicação telepática e tratamento energético realizados com os cães Priscila e seus filhos adultos, Júnior, Negão e Pitoco, além dos outros cães, Bigode, Dóris e Lobinho. Também foram incluídos na comunicação os gatos Lulu e Chorão.

Estabelecida a comunicação telepática, informei a mensagem da tutora de que ela os amava muito. Na sequência, perguntei a cada um dos cães se queriam dizer a alguma coisa a ela.

— Não quero mais ficar naquele vidro [varanda] – disse Negão.

— Nem eu – retrucou Júnior.

— É muito quente lá – continuou Negão.

— Nenhum cachorro merece ficar ali naquele calor – reclamou Júnior.

— Queremos ser livres como antes – reivindicou Negão.

Já a Priscila, cachorrinha idosa, trouxe a seguinte mensagem:

— Envelhecer é um grande processo de expurgo da alma. Você precisa ser emocionalmente forte para poder passar por isso. Eu preciso receber energia sempre. Ajude-me a passar bem essa fase.

Perguntei se ela precisava de energia em algum lugar em especial e ela disse:

— Nas articulações e no meu cardíaco, para ser mais resiliente.

E deixou uma mensagem para a tutora:

— Siga o seu coração, pois assim estará sempre no caminho certo. Eu a amo também.

O Pitoco, que era o menor dos três filhos da Priscila, sempre fora superprotegido pela tutora. No momento em que esta comunicação foi feita ele estava enfermo e a tutora dava comida e água na boca dele, mas por indicação do veterinário parou com essa prática. Ao ser questionado se ele queria falar alguma coisa, disse:

— A mãe não gosta mais de mim. Ela não me dá mais comida e água.

— Mas você não "limpa" o prato todos os dias? – questionei.

— Sim, mas queria que ela me desse.

— Você é incapaz ou inválido? – perguntei.

— Não.

— Então seja um cão adulto e independente como os outros. A sua mãe disse que errou quando te mimou demais – repliquei a fala da tutora sobre ele.

— Errou não – respondeu ele.

— Você está agindo como se fosse um incapaz – continuei.

— Não sou, não.

— Então mostre a ela como você é forte, pois sendo forte e independente até os passeios serão retomados.

Quando falei isso, ele arregalou os olhos e levantou as orelhas, surpreso.

Retomando mentalmente quem seria o próximo a falar, vi a Priscila sentando-se e, na sequência, o Negão e o Júnior, um ao lado do outro. Ao lado do Negão, Pitoco olhava atentamente como eles se comportavam e assumia a mesma posição corporal, querendo mostrar-se forte.

O gato Chorão disse que queria mais frango. Perguntei se ele estava bem e ele disse que sim, mas que queria mais frango.

Perguntei ao Bigode qual era a sua origem estelar, conforme solicitado pela tutora. Ele disse que era siriano e mostrou-se, desde o início, com corpo de homem e a cabeça de cão. Disse que não podia falar mais nada, mas que estava tudo bem e que ele estava aqui para ajudar a tutora a desenvolver-se. Perguntei como ele faria isso e ele respondeu que por telepatia, dando ideias.

Chegando a vez da Dóris falar, disse que estava melhorando e seguiu:

— Eu agradeço por tudo o que ela faz por mim. Eu queria comer carne e frango.

Ela disse que sabia que não podia comer (por determinação da veterinária, até que se curasse), mas que gostaria, e continuou:

— Quando ela expandir eu vou ficar ainda melhor. O medo nos uniu, agora chegou a hora da cura. Não vejo a hora de estar curada. A maior cura é a da alma.

Eu disse a Dóris que sua tutora a amava e ela respondeu:

— Eu sei, mas o maior amor vem da alma curada e em paz.

Dei a palavra ao Lobinho, cão filhote, último a chegar na casa e que ficava separado dos outros por conta das brigas por território.

— Eu quero fazer parte da matilha. Quero ser livre como eles e nada temer. É solitário demais para mim como está. Sinto falta de viver normalmente.

Após a fala do Lobinho, perguntei ao Júnior e ao Negão se tinham ouvido aquilo. Então um deles respondeu:

— Ele é um chato. Não gostamos dele.

Eu disse a eles que eles já tinham sido filhotes e igualmente chatos, mas que mesmo assim tinham um ao outro para brincar, enquanto o Lobinho não tinha ninguém. Eles me olharam de baixo para cima, meio envergonhados, e olharam-se também. Até que um deles perguntou:

— E a Dóris? – sugerindo que o Lobinho brincasse com ela.

Eu disse que nenhum dos dois era castrado e que por isso não era tão simples assim. O olhar meio envergonhado continuou e eles ficaram em silêncio.

A gatinha Lulu mostrou-se como bípede, com cabeça de gata, porém com uma juba branca muito bonita, e olhos verdes. Questionei se queria dizer alguma coisa à tutora e ela falou:

— Eu sou a conexão dela com os seres estelares. Eu e ela somos estelares. Trabalho em paz, isso é o que importa. Hora de expandir, moça tutora. Estamos sempre te apoiando. Logo você saberá quem é e o seu potencial de cura. Miau para você.

Perguntei a Lulu como ela ajudava a tutora e ela informou que era ativando o portal (essa gatinha não tinha os dois olhos. Fora resgatada doente e tiveram que ser retirados).

TRATAMENTO ENERGÉTICOS DOS PETS

Após conversar com todos os pets, segui com o tratamento energético, tendo em vista as necessidades verificadas nos discursos e no conhecimento que eu já tinha da vida de cada um deles.

Ativei o amor incondicional por meio da energia estelar para os cães Júnior, Negão e Lobinho (os dois primeiros brigam com o Lobinho). Uma coluna de luz desceu sobre eles, que começaram a subir, os três juntos, deitados lado a lado, em harmonia. Intencionei para eles o respeito mútuo.

Ativei os códigos para limpeza e harmonização dos chacras, equilíbrio entre os aspectos feminino e masculino de cada ser e a restauração da alegria da encarnação (nesse momento vi os três juntos, praticamente sendo um).

Ativei também a cura física para Priscila, Pitoco e Dóris (os três que apresentavam problemas de saúde). O Lobinho apresentou-se nesse momento e incluí-o na ativação do tratamento. Os símbolos que me foram intuídos foram o de proteção do Arcanjo Miguel, cura de relacionamentos, abundância divina, transmutação, limpeza, purificação e cura a nível celular (nesse momento vi os quatro juntos, recebendo uma espiral de luz branca) e o alinhamento de todos os chacras, promovendo limpeza e harmonização.

Optei, ainda, por intencionar o amor incondicional e a luz divina para o aglomerado de consciências de cada um dos pets, onde quer que estivessem desdobradas (presente, passado, futuro, vidas paralelas e lugares inimagináveis para nós), e ativar os símbolos para limpeza de energias negativas (transmutando-as em positivas) e o envio dessas consciências para as câmaras de cura.

Visualizei as câmaras de cura arcturianas como uma piscina, e todos entraram para serem tratados. Essa piscina era, na verdade, a entrada para o mais profundo oceano, o lugar onde as curas mais profundas acontecem, quase sempre com a ajuda dos divinos golfinhos.

Ao entrarem na piscina, cada um deles mudava sua espécie. Priscila tornou-se uma sereia; Pitoco, um peixe; Dóris, uma arraia; Lobinho, um tubarão, assim como Negão; Júnior, uma baleia; Chorão, uma enguia; Bigode, um golfinho e Lulu era um lindo foco de luz no fundo do mar. Todos nadavam bem tranquilos e em harmonia. Vi, depois, centenas de golfinhos formando um círculo e emanando seus sons característicos, sons de cura, enquanto os pets (em suas novas vestes) estavam no centro do círculo, recebendo-as.

As nove consciências que foram elevadas para a comunicação telepática foram trazidas de volta para o plano físico, ainda que tenham permanecido nas câmaras de cura até que fossem liberadas, cada uma no seu tempo.

TRATAMENTO ENERGÉTICO DA TUTORA

Comecei esse atendimento trabalhando a tutora, que é alinhada com a energia arcturiana, fator que me levou a escolher essa energia para seu tratamento, que foi feito, de forma geral, para toda e qualquer cura que ela precisasse, e também para os punhos e mãos, tendo em vista problemas nessa região, ocorridos pelo uso excessivo do computador em seu trabalho.

O primeiro símbolo intuído trabalhou as sombras da alma (vê-las e ser capaz de curar) – aceitação e perdão por si próprio; perdão pelos erros do passado, desta vida ou de outras; cura da criança interior; transmutação do carma negativo; ajuda no desenvolvimento do amor próprio. Esse símbolo atuou fortemente nos pulsos e nas mãos da tutora, retirando energia densa, sendo mais forte a cura no pulso direito, que ela informou, após o atendimento, ser o mais problemático.

O segundo símbolo trabalhou o equilíbrio da energia feminina e masculina, trazendo à tona as qualidades de cada uma. Nesse momento foi identificada muita energia densa no mental da tutora, enquanto todo o seu corpo era luz, exceto a cabeça, que pendia, com energia escura, para baixo. Intuitivamente houve a informação de tratar-se de algo mal resolvido com a mãe, já falecida. Depois foram ativados outros dois comandos: um para defesa e proteção do campo energético e para remoção de energias densas da tutora e do ambiente, assim como remoção de entidades negativas; o outro para remoção de chips, implantes, espíritos obsessores, transmutação, limpeza e purificação.

O quinto símbolo ativado trabalhou a cura emocional, a harmonia com o Eu Superior e com a Mônada, o amor próprio, a paciência, a tolerância, a bondade, o reconhecimento de que somos um ser sagrado e a descoberta da verdade por trás das ilusões. Concluída essa etapa já foi possível visualizar a cabeça da tutora sem as energias escuras e densas vistas no início.

Outros quatro símbolos também foram ativados, trabalhando, ainda, as limpezas do mental e as limpezas e o equilíbrio de energias. Por fim, a consciência da tutora foi enviada às câmaras de cura. Ao entrar na piscina arcturiana de cura (é assim que eu vejo nas curas: a pessoa entra numa piscina que, na verdade, é a entrada para o fundo do mar), ela logo se transformou num golfinho. Outros golfinhos recepcionaram-na e levaram-na para longe, trabalhando fortemente na limpeza das energias densas. Cada vez que um golfinho tocava nela, um ponto de luz abria-se em seu corpo, até que ela toda tornou-se luz.

Ainda no fundo do mar, Iemanjá apareceu, trazendo uma imensidão de luz, que limpou a tutora ainda mais profundamente, assim como tudo ao seu redor. Em dado momento, ela estava tão envolta na luz de Iemanjá que quase não era mais possível identificá-la separada daquela luz, tamanha era a conexão de ambas. Iemanjá pegou-a no colo (já no formato humano novamente) e a tutora ficou pequenininha, aninhada nesse colo cheio de amor, que a ninava. Ao final, ela estava ali, em pé, em frente à Iemanjá, novamente adulta e, agora, feliz.

Quando passei o relato do atendimento à tutora, ela disse que sentiu o pulso direito latejando (foi o mais trabalhado energeticamente). Sobre as questões do mental, declarou não ter consciência de quais motivos poderiam ter gerado essa energia tão densa e concluímos que eram questões inconscientes dela. A tutora também afirmou sua intensa ligação com o mar, embora não tenha visto Iemanjá durante a cura. No mais, disse, feliz, que tinha visto as mesmas coisas que eu, com o diferencial de que antes de ir à piscina, ela tinha estado com sua família espiritual felina (ela diz ter essas duas famílias: a felina e a dos golfinhos).

Outro relato muito interessante dela foi a de que os arcturianos nunca haviam permitido que ela mergulhasse na piscina (ela faz projeção astral espontânea), pois a energia dela ainda era muito densa, mas dessa vez ela foi autorizada.

TRATAMENTO ENERGÉTICO DO CACHORRINHO PITOCO

Com o cachorrinho Pitoco trabalhei com outra fonte de energia estelar. Vi muita luz branca em seu coronário e em seu frontal. Ele estava cheio de drenos, desde o laríngeo até o umbilical, tanto na parte inferior como posterior do corpo. Muita luz, de alta intensidade, trabalhou as curas dele, limpando drenos, cortando cordões energéticos nocivos, requalificando a energia e a cura biológica e limpando o ambiente (foram identificados miasmas em todos os objetos da casa).

Na sequência, ativei a cirurgia energética em todo o corpo do Pitoco, por dentro e por fora, tendo em vista que ele teve uma verminose que o debilitou muito.

Por fim, foi trabalhada a energia de conexão estelar para reforço da cura biológica. Também ativei o portal crístico e uma luz muito intensa fez-se presente. Uma flor de lótus branca surgiu e foi até o coronário dele, expandindo-se para todo o corpo.

Solicitei, ainda, à egrégora, auxílio em qualquer outra cura que o cachorrinho ainda precisasse. Ele recuperou-se bem.

A SITUAÇÃO DA CANINA PRISCILA

Os atendimentos anteriores citados foram todos realizados em 2022. No final de abril de 2023, a tutora soube que sua cachorrinha mais velha, Priscila, que já contava com cerca de 15 anos, estava com câncer em vários órgãos internos (metástase) e que o estado dela era grave.

Ela pediu-me uma comunicação telepática, pois queria ter certeza do que fazer, embora já soubesse que não queria que a Priscila passasse por tratamento quimioterápico se não havia mais chance de cura. Pensava apenas em autorizar uma transfusão de sangue para revitalizá-la. Quando fiz a comunicação com a cachorrinha, ela mostrou-se como um ser de muita luz e disse que queria ir para casa para ficar com a tutora e com os outros (cães e gatos), recebendo apenas remédio para a dor.

Num outro dia, fiz um tratamento energético na Priscila e, no encerramento, ativei a harmonização ambiental e o envio de amor incondicional a todos da casa. Nesse momento, enquanto visualizava cada um dos pets, os quais conheço há alguns anos, sentia que o cão Negão, filho já adulto da Priscila, estava com muita dor emocional devido à situação de sua mãezinha. Eu já havia sugerido à tutora que ela e a Priscila tomassem floral emergencial, muito importante nesses momentos tensos. Depois de sentir a dor emocional do Negão, sugeri que ele também tomasse.

Nos dias que se seguiram, Priscila passava quase todo o tempo deitada, raramente queria comer ou beber água, tudo dependia de insistência da tutora. A cachorrinha Dóris, resgatada da rua cerca de dois anos antes, permaneceu o tempo todo, literalmente, colada à Priscila, sendo sua companhia amorosa e, provavelmente, doando energia. O cão Bigode ficou meio cabisbaixo, enquanto o Negão, várias vezes, ia até o quarto de Priscila, sentava-se de forma desolada e choramingava (eu mesma presenciei isso quando estive lá). Em alguns momentos, todos os cães ficavam ao redor da Priscila, num verdadeiro exemplo de compaixão, solidariedade e amor.

Dia sim, dia não, eu fazia um tratamento energético na Priscila, sempre ativando energias diferentes para auxiliá-la. A tutora também aplicava energia na cachorrinha.

Nos primeiros dias de maio, a tutora pediu-me mais uma comunicação telepática, pois a cachorrinha havia comido no dia anterior e havia passado muito bem a noite, então a tutora pensou que talvez Priscila tivesse mudado de ideia quanto à partida e que talvez fosse o caso de retomar o uso de outros medicamentos. Eu a informei que faria, então, a troca do tratamento energético pela comunicação telepática naquele dia. Mais tarde, ela pediu que mantivesse o tratamento energético, pois ela se negava a comer.

TRATAMENTO ENERGÉTICO DA PRISCILA

Optei por trabalhar com energia arcturiana dessa vez, intencionando a melhor saúde e o maior bem-estar físico, energético, emocional e espiritual que a Priscila pudesse ter, de acordo com o momento divino que estava passando.

Inicialmente, ativei a proteção de São Miguel Arcanjo, com remoção de quaisquer energias ou entidades negativas. Logo após ativei o comando para transmutação, limpeza e purificação, além da remoção de implantes, chips ou obsessores. Nessa fase do atendimento, eu vi a Priscila como outro cão, mais jovem, com pelo nas cores branca, preta e cinza misturadas. O cão ficou cada vez mais jovem, até que desapareceu por completo, e na caminha da Priscila não havia ninguém.

Na sequência, o comando que me foi intuído é indicado para equilíbrio, aceitação, harmonia, humildade, bondade e proteção contra energias negativas. Ele atua na justiça divina e na defesa do ser.

O Senhor e a Senhora de Arcturus acolheram Priscila, que aparecia na minha tela mental como uma moça de cabelo meio avermelhado. Ela chorava, sofria um pouco pela despedida. Uma luz rosa muito intensa veio do alto, atrás dela. Quando ela se virou e viu a luz rosa, seu rosto iluminou-se e ela sorriu. Um ser masculino, que parecia usar uma espécie de armadura marrom e que a conhecia surgiu; parecia estar ali para levá-la. Ele sorriu para ela e ela sorriu para a imensidão de luz rosa que via.

O outro comando intuído age na resolução de conflitos internos, abre as portas superiores da Luz Divina, abre o cardíaco para o amor incondicional, promove devoção, compaixão, amor incondicional, perdão por si mesmo e para os outros, e trabalha na aceitação de mudanças. Quando ativado esse código, vi a mesma moça de antes saindo da roupagem de Priscila. Ela foi até a tutora, que estava em pé, ao lado da cama, olhando a Priscila canina com serenidade. A moça olhou para a tutora, encostou a cabeça em seu ombro e a abraçou, mas ela não percebeu sua presença. Essa cena emocionou-me muito. Logo em seguida, veio esta mensagem para a tutora:

— Amo cada dia que vivi como Priscila ao seu lado. Quando nos despedimos, no mesmo plano em que estamos, e vamos para outro, é sempre estranho, mas cada uma de nós sempre está numa missão, então é mais fácil entender que são propósitos que nos guiam todos os dias, você com os seus, grandiosos, e eu com os meus. Estamos sempre a trabalho da luz, a sua alma sabe. A encarnação aqui nos faz sentir tudo mais pesado, até a despedida, quando vamos para outro plano, mas é só uma viagem de descanso, umas feriazinhas, depois vem outra missão e outra e outra. Estarei sempre com meus olhos cheios de amor sobre ti. Você sabe que para o amor nos conectar basta querer. O amor ultrapassa dimensões e sempre conecta aqueles que se querem bem. O amor de almas gêmeas é divino e complementar, ama, compreende e respeita, onde quer que esteja a outra parte de si. Com amor, Priscila.

Após a mensagem foi ativado apenas mais um código arcturiano, que promove abertura, expansão, elevação, espiritualização e purificação dos corpos mental e emocional, harmonizando a mente superior com a inferior, o sistema emocional superior com o inferior. Ele também facilita a conexão com as Hierarquias Ascencionadas e Cósmicas, mantendo esse canal ativado, em harmonia e em equilíbrio.

A partir daqui senti que o atendimento estava concluído. Pedi a Kuan Yin que inundasse de amor incondicional a casa, a tutora e todos os seus amados animaizinhos, confortando-os. Pedi, por fim, a proteção de São Miguel Arcanjo a cada integrante dessa família multiespécie.

O DESENLACE DE PRISCILA

O tratamento arcturiano foi realizado numa quinta-feira à noite. Horas depois, cerca de uma hora da manhã de sexta-feira, a cachorrinha Priscila começou o lento processo de desprendimento do corpo físico. A tutora ficou o tempo todo ao seu lado, amparando-a no que pudesse, mas com o passar das horas não suportou mais ver o extremo sofrimento da Priscila, que sentia muita dor.

Segundo o veterinário, somente a morfina podia ajudar a cachorrinha até que a morte realmente acontecesse. Diante desse cenário, a tutora optou pela eutanásia, ficando o tempo todo ao lado dela, até depois do fim.

Capítulo 10

SÉRIE DE ATENDIMENTOS A UMA COELHINHA

Estabelecida a comunicação, fomos levadas a um lugar com um gramado lindo, com crianças vestidas de branco, brincando. Também havia cães correndo e brincando. No horizonte, Jesus, sorrindo e abraçando de forma acolhedora esse espaço sagrado.

Logo que chegamos lá, a coelhinha começou a comer umas graminhas bem verdinhas. Deixei-a à vontade para se conectar à energia daquele lugar. Ela estava sempre encolhidinha, de cabeça baixa, comendo sua graminha e observando tudo a sua volta. Falei a ela que eu tinha uma mensagem de sua família humana e quando lhe dei o bom dia como sua tutora costumava lhe dar, ela levantou a cabeça e olhou-me, curiosa.

Conforme ouvia a mensagem da tutora, ela ia relaxando. Sentou-se e prestou atenção em tudo, demonstrando estar feliz com o que ouvia. Ao final, ela disse:

— Eu também os amo.

A tutora queria saber se ela estava doente porque recebia energias negativas, direcionadas a alguém da casa.

— Não existe o eu, existe o todo. Estamos integrados e o que afeta um afeta a todos. A energia chega a todos, seja ela qual for.

Nesse momento vi uma luz branca, intensa, sendo direcionada ao imóvel. Ela entrava, mas pouco conseguia alcançar dentro dele, então a coelhinha disse:

— O ambiente está contaminado de pensamentos negativos do coletivo familiar. Cada um com suas questões mal resolvidas. Olham muito para fora e pouco para dentro. A reforma é individual e interna. Não há mais tempo a perder buscando causas externas.

Por que a luz não entra? Eu vim para alegrá-los, para trazer leveza aos seus dias, mas está ficando pesado para mim. Vocês precisam fazer a parte de vocês. Sei que se esforçam, mas é preciso ir mais fundo, realmente curar suas dores da alma. Eis os portais abertos. Não se sintam culpados, sintam-se alertados. Eu amo cada um de vocês, mas preciso que façam a parte que lhes cabe em suas vidas. Se eu morresse, vocês teriam que conviver dolorosamente com tudo o que está acumulado dentro de vocês, causando muito mais dor. Não esperem algo ruim acontecer para buscarem se curar. Não quero assustar, mas como eu já disse, alertar. Não é preciso que a cura se processe por meio do sofrimento. A maior sabedoria de um ser é buscar curar-se todos os dias. Cada detalhe que perceberem ser desarmonioso, trabalhem nisso, limpem. Não existem fórmulas instantâneas de cura, mas existem corações dispostos a crescer e a evoluir. Às vezes, percebemos nossas sombras, outras vezes, não. Observem-se. Percebam como reagem aos acontecimentos do passado. Ainda dói? Ainda é desconfortável? Eis aí um grande sintoma cuja causa deve ser ressignificada. Ressignificar o passado para que a luz possa entrar. Tudo está dentro de vocês. As ajudas externas são sempre importantes, mas só varrem o chão e mascaram a verdadeira fonte da sujeira emocional. Amo vocês imensamente e vim para auxiliá-los, mas está pesado para mim. Não posso auxiliá-los se vocês mesmos não o fazem por si próprios. É louvável a força que cada um tem, a garra, a vida em abundância, mas é preciso limpar o passado no coração. Não existem vítimas nem algozes. Tudo faz parte de um plano muito maior do que somos capazes de compreender. As vítimas cá estão para deixarem de sê-lo, assim como os algozes. No final, tudo é a busca pela cura, a necessidade infinita de ser visto, amado e compreendido. A mesma força que lhes deu a vida é a que os ama infinitamente e os olha nos olhos a todo o instante. Essa força quer que vocês saibam que não estão sós. A solidão não existe. O desamparo não existe. Só existe essa força dentro de vocês, esperando para se conectar com a força criadora e tornar-se imensa, plena de tudo de mais elevado que existe. Já ouviram a frase: "Vós sois deuses"? Sim, vocês são deuses de si mesmos, porque a força criadora não os fez para serem escravos de nada. Não há ofensa em nos considerarmos deuses quando o coração está conectado com a força criadora de tudo o que há, pois ali só existe a plenitude de uma imensidão de amor, por si mesmo, por tudo e por todos. Nessa conexão transborda um amor grato por tudo, exatamente como é e como está, pois só o amor é real. Liberem as chaves divinas que estão dentro de vocês, curando-se a cada batida do seu coração. Eu sei que vocês me amam, mas preciso que se amem primeiro e, assim, todos ficaremos bem. Quando um coração transborda amor pela vida, tudo a sua volta cura-se também. Eu aprendo com vocês e vocês comigo. Estamos juntos por uma razão divina e eu honro cada dia ao lado de vocês – concluiu a coelhinha.

Vi uma energia linda saindo do coração dos tutores e conectando-se ao coração da coelhinha, e ela sendo limpa e liberta de todas as energias densas, ficando leve, harmoniosa e feliz.

Sobre a saúde dela, senti que ela queria passar algum tempinho diário num gramado, pegando um solzinho, tendo contato com a terra. Esse contato não era apenas pela questão física, mas também energética e espiritual. Era como se ela precisasse limpar-se e renovar-se.

TRATAMENTO ENERGÉTICO

Nesta parte do atendimento foram ativados vários comandos para a limpeza dos campos energéticos interno e externo da coelhinha, corte de drenos e de cordões energéticos, remoção de chips e de obsessores, além da requalificação/elevação da energia e da desobstrução do centro cardíaco. Também foram ativadas a cura bioenergética e a cirurgia energética, em especial para as questões físicas citadas pela tutora.

Os chacras dela que mais me chamaram a atenção foram o laríngeo (parecia que existiam coisas não ditas, mas não por ela, mas por quem ela mais tinha ligação) e o cardíaco (senti que existiam dores emocionais, também relacionadas à tutora).

Também foi realizada a limpeza energética do ambiente e ativada a harmonização ambiental (aqui a cor predominante foi o verde, que é da cura).

Poucos dias depois do atendimento a coelhinha desencarnou. Por que isso aconteceu? Bem, um tratamento bem feito limpa, purifica e equilibra o animalzinho e a relação tutor-animal. Às vezes, é disso que ele precisa para poder seguir sua jornada para o outro lado da vida, pois até então estava preso energeticamente ao tutor.

Nenhum terapeuta tem o poder de mudar a hora da partida de um animalzinho. Se este entender que deve partir porque já cumpriu sua missão, assim será. O tratamento energético é sempre bem-vindo, pois permite que o corpo espiritual do animalzinho (debilitado e deformado pela doença/problema de saúde) seja tratado e restabelecido, de forma que, ao desencarnar, não precise passar por longos processos de cura no plano espiritual nem corra o risco de reencarnar com alguma deficiência por conta do períspirito (corpo espiritual) afetado na encarnação anterior não ter sido tratado.

Capítulo 11

SÉRIE DE ATENDIMENTOS AOS FELINOS DA MESMA FAMÍLIA – LÉO E NINA

A primeira comunicação foi realizada com o gatinho Léo, que já estava na família. Fomos para um lugar com um gramado imenso, árvores, muita natureza. O gatinho perguntou:

— O que é aqui? Por que você me trouxe aqui?

Respondi a ele que era um lugar especial e que estávamos ali para conversar, a pedido de sua tutora, que, aliás, amava-o muito. Ele fechou um pouco as pálpebras e olhou para o lado, achando-se todo importante.

Falei ao gatinho que não era possível para a tutora levá-lo para passear todos os dias e ele respondeu:

— Sei.

Informei que estava chegando (ou já tinha chegado) uma gatinha na família e que ela vinha para fazer companhia a ele. Perguntei se estava tudo bem em relação a isso e ele respondeu que sim.

Comentei sobre os miados pedindo atenção e ele disse:

— É a solidão da presença humana.

Aproveitei o ensejo e falei que a companhia de alguém da espécie dele seria muito bom para ele, que respondeu que achava que sim.

Dei a ele o recado da tutora, desejando que ele fosse muito feliz sendo gato, e ele mais uma vez foi breve na resposta, dizendo que estava tudo bem. Continuei falando que a companhia da gatinha lhe faria muito bem, já que a tutora não tinha tempo para levá-lo para passear todos os dias ou para dar mais atenção a ele. Aí veio o discurso:

— O tempo é relativo. Fazemos o nosso tempo. Ele pode ter o tamanho que quisermos. Organizar as prioridades faz toda a diferença. Nem sempre precisamos fazer algumas coisas todos os dias, principalmente quando envolve apenas passar o tempo com algo que pouco tem a acrescentar ao nosso crescimento pessoal e à nossa expansão espiritual.

Perguntei se com a gatinha ele se sentiria menos sozinho e ele respondeu:

— Não sei. Eu gosto de passear.

Falando em passeio, comentei sobre os medos repentinos dele. Citei o medo que ele sentiu do casal que avistou na rua e que o fez correr para dentro do prédio. Perguntei o que o assustou naquele dia.

— Nem tudo o que os gatos veem os humanos são capazes de ver.

Perguntei ao gatinho se era verdade que os gatos têm menos medo do que os cães de verem seres espirituais. Ele respondeu:

— Sim. Naquele dia vi coisas que me lembraram de um passado assustador.

Questionado se queria falar mais sobre isso, ele apenas respondeu que não.

Perguntei se ele aceitaria que eu comandasse uma cura energética para tratar esses medos e ele autorizou. Deixei para fazer após o encerramento da comunicação.

Comentei com o gatinho que a tutora sentia muito por não o ter comunicado com antecedência sobre a cirurgia de castração. Questionei se ele tinha alguma sensibilidade no local. Aí veio o segundo discurso:

— Gato castrado não é mais o mesmo, mas conseguimos viver bem. É algo importante para os humanos, não para nós. Não seria uma escolha nossa, jamais, mas os humanos têm os seus motivos e essa é uma longa história. Não tenho sensibilidade no local. Às vezes, apenas lembro da mutilação, mas reitero que entendo os humanos, eles ainda têm muito a aprender sobre si mesmos. Depois, somente depois, entenderão os animais.

Sobre o medo do veterinário, perguntei se era por causa da castração e ele disse:

— Sim, não esperava por isso. Nunca sei o que pode vir depois.

Falei para o gatinho que castração era só uma e que cirurgia novamente somente se ele adoecesse e fosse realmente necessário, mas que a tutora comunicá-lo-ia com antecedência. Questionei se assim estava bom para ele e a resposta foi:

— Certo. Combinado.

Comentei, na sequência, que as idas ao veterinário eram por causa das vacinas ou qualquer outra coisa importante, mas nada grande como uma castração, e que se ocorresse algo relevante ele saberia antes. Então ele disse:

— Está bem.

Perguntei novamente se ele havia ficado chateado com a castração, e ele:

— Eu entendo os humanos, já disse.

Sobre cortar as unhas, falei ao gatinho que a tutora precisava que ele ficasse tranquilo durante o procedimento. Ele comentou, então:

— Outra coisa que os humanos nos mutilam. E se eu precisar me defender?

Indaguei se ele realmente achava que precisaria se defender morando num apartamento e ele disse:

— E se um cachorro me atacar no saguão do prédio ou em outro lugar?

Falei que geralmente os cães ficam presos em uma guia, mas ele rebateu:

— E se escapar? Eu prefiro não cortar as unhas.

Ao perguntar se isso era negociável, ele foi enfático e disse que não. Insisti que os humanos cortam as unhas dos gatos para que não arranhem os móveis ou por outros motivos, e ele fechou-se e não quis mais saber do assunto.

Perguntei se ele era feliz com a tutora e se havia algo que poderia ser feito para melhorar a vida dele. A resposta foi:

— Sempre podemos melhorar. Eu, ela, mas nem tudo é negociável, como minhas unhas. Já chega a castração.

Eu reforcei que a castração era só uma vez e que era irremediável, mas que as unhas cresciam novamente. Ele fez uma expressão de quem ficou sem ter o que dizer, então continuei, dizendo que era até bom cortar as unhas para elas crescerem mais fortes. Ele respondeu:

— Entendi. Vou tentar colaborar.

Como o gatinho falou a palavra "mutilação" mais de uma vez e pareceu-me um pouco revoltado na conversa, decidi fazer o meu discurso também, conforme segue:

— Você [gatinho] me pareceu um pouco revoltado com a castração e com a questão das unhas ao mesmo tempo em que diz que entende os humanos. Podemos ressignificar tudo isso e ficar bem? Você sabe que a humanidade não é evoluída como os animais, espiritualmente falando, e eu sinto muito se nós, humanos, magoamos vocês de tantas formas. Você sabe que as coisas estão mudando e que vamos finalmente despertar (humanos), mesmo assim peço que perdoe a nossa ignorância. Do nosso jeito torto amamos vocês e queremos que sejam felizes e nos amem também.

Depois de me ouvir ele disse:

— Eu sei. Na iminência do despertar da humanidade todos ficam mais sensíveis, humanos e animais. Os já despertos (pelo menos um pouco) sofrem com as coisas que veem acontecer, mas é um tempo novo que chega e é nisso que devemos focar. Eu amo a minha tutora, entendo-a, mas também tenho minhas questões. Agradeço pela preocupação dela comigo.

Pedi uma mensagem dele para a tutora.

— Sua sensibilidade é louvável. Fico agradecido por se preocupar com meu bem-estar. Desculpe se, às vezes, meu instinto fala mais alto. Para a rua eu fui um dia e não mais voltei para você [vida passada]. Agora, da rua voltei ao seu coração. Gratidão por estar aberta. Você bem sabe que estar encarnado tem um peso grande para o espírito, pois as questões da carne acabam interferindo. Vamos nos adaptando, nos ajudando. Gratidão pela irmã que chega. Tentarei ser cavalheiro com ela. Ainda gostaria de passear mais dias, todos os dias, por poucos minutos que sejam. Eu me sentirei mais amado e mais valorizado por você. Prometo cumprir meu propósito com você da melhor forma possível. Somos uma equipe e ajudar um ao outro é fundamental. Aos poucos tudo se ajusta. Amo você.

Agora segue um breve relato da cura que fiz nele. Antes mesmo de começar a comunicação já veio a intuição de fazer o tratamento para os medos mais profundos dele, pois mesmo que o mental soubesse que estava tudo bem, sempre existem as ligações inconscientes que fazemos com fatos passados, sobre os quais não temos controle.

Alguns comandos de cura foram-me intuídos. O primeiro tratou o equilíbrio das energias masculina e feminina, trazendo o melhor que cada um tinha para o ser. Inicialmente, eu vi o gatinho como se estivesse congelado do pescoço para baixo. O congelamento tinha a ver com o efeito dos medos na vida dele. Os seres de luz dissolveram esse invólucro e ele pôde movimentar-se normalmente.

O segundo comando fez uma limpeza energética profunda, incluindo a remoção de chips, implantes e espíritos obsessores. Nessa etapa a energia atuou fortemente nas regiões da garganta e do coração, provavelmente trabalhando suas questões emocionais.

O terceiro comando trabalhou muito a conexão forte com o divino, o que se refletiu em curas nos mais diversos aspectos da vida.

Por fim, a consciência dele foi encaminhada às câmaras de cura mais indicadas para tratar os medos desta e de outras vidas de forma multidimensional. Eu o vi transformando-se num leão e depois numa pantera-negra, esta forte e, ao mesmo tempo, meiga. Com certeza, ele foi agraciado com os dons espirituais e energéticos desses animais.

COMUNICAÇÃO E TRATAMENTO ENERGÉTICO DA GATINHA RECÉM-ADOTADA

Eu ainda estava em preparação para fazer a conexão com a gatinha Nina e ela já se apresentou na minha tela mental. Estava sentada numa pedra, olhando para mim. Eu a senti como um ser de muita delicadeza e de uma alma grandiosa. Uma pequena flor, como uma pequena margarida, foi aproximando-se lentamente dela. A flor chegou até ela, que a pegou com uma das patas e a segurou.

Quando fiz a conexão com ela senti meu chacra cardíaco tenso. Fomos até o lugar sagrado onde costumo fazer as comunicações. Chegando lá percebemos que a gatinha estava no meu ombro. Ela assustou-se quando me viu e correu para cima de uma árvore, ficando mais ou menos na altura dos meus olhos. Senti desconforto também na região do estômago, o que percebi estar relacionado à ansiedade e/ou nervosismo.

Eu senti como se houvesse algo cravado nas minhas costas, do lado esquerdo. Todas essas sensações eram da gatinha, tendo em vista minha conexão ela. Então, como a situação toda estava desconfortável, decidi parar com o processo de comunicação e fazer primeiro o tratamento energético, que foi bem longo.

Houve limpeza dos campos energéticos interno e externo. Nessa etapa houve muita liberação de energia densa, que saía dela como bolas de fumaça. Quando ativei a expansão dessa energia de limpeza aconteceu algo diferente: ela transformou-se num dragão, uma espécie de dragão chinês, porém com asas, que brilhavam devido à intensidade de sua luz branco-dourada.

Quando ativei o corte de cordões e de drenos energéticos foi retirada uma espada que estava cravada nas costas dela. Haviam drenos energéticos na região da garganta, no chacra cardíaco e na região umbilical (aqui estava tudo muito sensível).

A ativação da elevação de energia trouxe outra novidade: surgiu uma moça, com uma túnica branca, que ficou ali, sem manifestar-se, apenas sendo vista.

Outro comando ativado foi o de desobstrução do chacra cardíaco. Quando essa energia foi ativada de forma mais expandida, do chacra cardíaco da gatinha saiu uma imensidão de luz.

Também ativei a remoção de chips (e haviam vários): no cardíaco, na região do estômago e na região do abdômen (senti que estava ligada à região do útero).

Ativei comandos para curas física, mental, emocional, energética e espiritual que a gatinha precisava naquele momento para seguir sua vida feliz. Esses comandos atuaram na limpeza e na estabilização emocional, no equilíbrio das energias feminina e masculina, na conexão com o Eu Superior dela, na expansão de consciência e na retirada de obsessores graves. Concluída essa etapa, a dor nas costas passou.

A moça da túnica branca apareceu novamente, mostrando seu rosto. Tinha olhos azuis claríssimos e senti que era um ser de muita luz, que depois identifiquei ser o próprio Eu Superior da gatinha, que se mostrava assim para que eu pudesse entendê-lo.

Ativei a cura bioenergética, surgindo no tratamento muita luz verde e muita paz.

Trabalhados cada um dos chacras da gatinha e o chacra braquial (que é o que traz calma e que estava muito agitado), uma luz azul-claro fez-se presente, trazendo harmonia. A região umbilical também precisou ser mais trabalhada devido ao desequilíbrio que apresentava, assim como o chacra básico (na base da coluna), que é o que nos aterra nesta encarnação, dá-nos base e sustentação na vida.

A gatinha parecia não conseguir manter-se em pé nas patas traseiras. Baseada nessa observação, fiz decretos na vida da gatinha, nos quais ela já sabe viver tranquilamente, com firmeza, sendo feliz e harmoniosa na vida.

Na harmonização do ambiente surgiu muita luz azul-claro, gerando calma e fazendo uma limpeza profunda. Na finalização do tratamento energético, o dragão apareceu de novo, reforçando a intuição de que a gatinha veio para a vida da tutora como uma guardiã.

Concluído o tratamento energético, retornei para a comunicação, que se fez na presença do Eu Superior da gatinha (a moça de túnica branca e olhos azuis claríssimos).

Falei que a gatinha era muito bem-vinda e amada, que estava em casa agora, completamente segura; que a tutora sentia muito pelo que ela havia passado na rua, pelo cio precoce e pelos seus filhotes (já desencarnados), assim como sentia muito pela castração sem aviso (bem recente e inspirando recuperação). Falei também que tudo o que ela tinha vivido até então era passado. Agora, com essa família, começava uma nova vida, e ela seria feliz como gata.

O Eu Superior da gatinha tudo ouviu, sorriu e disse:

— Está tudo bem.

Falei o nome do gato que estava com ela no apartamento e que ele só tinha tamanho, que não iria machucá-la, que ele era castrado e que era importante eles se darem bem, pois agora eles seriam como irmãos nessa família, à qual ele tinha chegado primeiro, sendo a casa também dele. A tutora também solicitou que comunicasse à gatinha que o gato queria brincar com ela.

Para reforçar a união entre o gato da família e a gatinha, uni o coração dos dois com amor incondicional. Do cardíaco dele saiu um cordão rosa que se ligou ao coração dela e vice-versa. Solicitei a presença da energia crística para abençoar essa união. Uma forte luz branca ficou sobre ambos, que ficaram iluminados, tomando aparência de humanos, ambos com túnicas brancas. O gato, muito iluminado, tocou os ombros e os braços da gatinha, segurou suas mãos e emanou sua luz para ela. Quando ela fez o mesmo gesto de tocar os ombros dele, o manto de ambos caiu e eles voltaram à forma de gatos.

Pedi ao Eu Superior da gatinha e ao Eu Superior do Léo que esse amor incondicional entre eles ficasse gravado na personalidade deles (como gatos).

Falei para o Eu Superior da gatinha sobre a importância de ela permitir que fossem cortadas suas unhas, que ela não estranhasse se a tutora pegasse as suas patinhas e nesse momento se fizesse ou ela ouvisse uns cliques, que isso não iria doer, e que com as unhas cortadas não haveria risco de ela ficar presa em algum tecido e torcer a patinha, e que o gatinho também cortava as unhas.

Falei também da vacina, que era para a sua saúde e proteção, da importância de ela ficar no apartamento, não sair, pois pode ser perigoso.

Comentei que a senhorinha da família, agora avó de coração dela, gostava muito de dengo e que ela podia chegar perto, esfregar-se e brincar (sem dar unhadas ou dentadas).

A pedido da tutora, perguntei à gatinha se ela queria ficar com essa família, se ela se sentia bem com eles e se tinha algo a dizer para sua tutora. Em resposta veio esta mensagem:

— Sim, eu tinha que vir [para essa família]. Sofri muitos ataques, mas consegui. Tenho a força dos gatos pretos. Sou sua guardiã desde outros tempos. Chegou o momento de voltar. Em todos os momentos estarei ao seu lado. Se um dia se sentir só, lembre-se de que estou contigo, muito além da matéria, em espírito também. Eu aceito as questões de ser gata encarnada, submetendo-me a isso, [pois] estarei onde devo estar, que é ao seu lado. Quanto ao gato, somos uma equipe. Tudo no seu tempo. As questões de um gato encarnado têm sua força na matéria, é uma dificuldade que os seres de luz encontram no cumprimento de suas metas, assim como a encarnação é forte pra os humanos. Compreendemo-nos. Seja sua própria luz, ela brilha imensamente dentro de você. Às vezes, os humanos dependem de outros humanos para serem felizes, mas isso é uma ilusão, cada um só é feliz sozinho, independente, por si mesmo. Admiro a beleza da sua alma. Vamos seguir essa jornada juntas. Conte sempre comigo. Mantenha o ambiente sempre energeticamente e espiritualmente equilibrado e isso sempre me ajudará. Amo você desde sempre.

Capítulo 12

TRATAMENTO ENERGÉTICO PRÉ-EUTANÁSIA DA CANINA ISIS

A tutora solicitou o envio de energia para sua cachorrinha Isis, pois ela seria eutanasiada nas horas seguintes, tendo em vista o diagnóstico de câncer de fígado em estágio terminal e indicativo de sofrimento físico.

No início do atendimento, a cachorrinha mostrou-se pronta para fazer a passagem.

O tratamento inicial consistiu em limpeza dos campos energéticos interno e externo e no corte de cordões e drenos energéticos. Nessa fase tive a visão da tutora auxiliando no tratamento. A cachorrinha achou estranha a sua atitude, ficando meio cabisbaixa. São Miguel Arcanjo pegou-a no colo de forma a aumentar ainda mais o processo de limpeza e proteção dela. Eu a vi em câmera lenta, subindo escadas rumo ao outro plano. Na sequência foi realizada a requalificação da energia e um ser arcturiano apareceu espontaneamente para auxiliá-la.

Ao elevar a frequência energética dela, identifiquei desequilíbrio na região do estômago para baixo. A tutora apareceu novamente, auxiliando na retirada de energias densas acumuladas nela. Em suas duas aparições nesse trabalho de cura, parecia que alguém tirava a tutora de cena logo a seguir, ainda que ela não quisesse ir.

Ativada a desobstrução do centro cardíaco da cachorrinha, uma imensa luz branca em forma de espiral trabalhou intensamente no emocional dela.

Ativei a cirurgia energética para que atuasse no fígado dela. Toda essa região interna estava muito escura e muita energia densa foi liberada. Depois disso eu vi a cachorrinha literalmente apegada à tutora, abraçada em seu corpo. Eu chamei-a várias vezes, até que ela soltou a tutora, retornando ao colo de São Miguel Arcanjo em busca de apoio, mas não era o momento de ele trabalhar com ela.

Ela subiu novamente as escadas, mas agora com uma aparência muito magra e abatida, como se fosse um cão abandonado nas ruas. Pedi a intervenção de Kuan Yin, que a pegou no colo. A cachorrinha foi ficando menor até que se tornou um filhote. Kuan Yin disse a ela que a levara até a tutora e que agora havia chegado o momento de retornar ao Templo dela. A cachorrinha foi envolvida com muita luz rosa, muito amor divino. A harmonia retornou a sua alma e ela sentou-se e ficou olhando para a tutora, de longe, mas agora de forma neutra.

A energia da cirurgia energética foi ativada e intencionada para atuar por vinte e quatro horas na cachorrinha, agindo nos corpos emocional, espiritual, mental e físico (durante o tempo em que estivesse encarnada). Essa energia repara esses corpos, permitindo que na chegada ao plano espiritual o animalzinho precise de menos tempo de restauração do corpo etérico.

Na sequência foram trabalhados todos os centros energéticos do corpo (chacras). O laríngeo estava bastante desequilibrado e perguntei se ela queria dizer alguma coisa.

— Eu não quero ir.

Durante o atendimento senti claramente que ela estava pronta para partir, mas não pela eutanásia. Ela estava achando estranha a atitude da tutora e talvez o apego que demonstrou a ela fosse justamente por causa disso, por não compreender como isso podia ser natural para a tutora.

Quando ela disse que não queria ir eu senti uma forte dor emocional que me conectou à tutora. Pedi ao Mestre Jesus auxílio nesse momento. Ele colocou uma de suas mãos na cachorrinha e outra no peito da tutora, conectando as duas através dele. Começou a banhar a cachorrinha com uma luz dourada, que passou por ele e depois de algum tempo envolveu a tutora completamente, amenizando a dor emocional que reverberava em mim por estar envolvida no tratamento.

Ativei, ainda, a harmonização ambiental, momento no qual uma luz branco-dourada muito intensa tomou conta de tudo, envolvendo a cachorrinha e todo o ambiente ao seu redor.

Finalizando, ativei a requalificação da energia. Um arco-íris entrou no topo da cabeça da cachorrinha e envolveu todo o seu corpo, trazendo harmonia.

Após o envio do relato, a tutora fez-me muitos questionamentos e conversamos por algum tempo. Senti fortemente no meu chacra cardíaco que a eutanásia não deveria acontecer (pelo menos não naquele dia) e só fiquei em paz depois de expor isso a ela. Argumentei que seria melhor aguardar o tratamento repercutir completamente na cachorrinha. A tutora não me disse se alteraria sua decisão e não cabia a mim convencê-la, apenas expor as questões que senti.

No dia seguinte, em minhas meditações durante o nascer do sol, senti a necessidade de fazer ho'oponopono para a tutora e para a cachorrinha, e depois entrei em contato para saber como a tutora estava. Ela me disse que estava bem e que conversava muito com a cachorrinha sobre ela libertar-se do sofrimento físico e ser mais feliz. Perguntei se ela havia sido eutanasiada no dia anterior e ela informou que não, mas que o seria naquele dia.

Meu coração estava em paz, não por concordar com a eutanásia, mas por eu ter feito tudo o que me foi solicitado e tudo o que minha alma sentiu que deveria fazer.

Capítulo 13

TRATAMENTO ENERGÉTICO DE GATINHOS COM ESPOROTRICOSE

Levei o gatinho Lince para ser tratado na câmara de cura. Ele veio para o meu colo e mostrei a ele, através de uma parede de vidro, o planeta Terra. Falei o quanto esse planeta é bonito e o quanto ele era importante para o planeta.

Quando fomos até a câmara de cura propriamente dita, ele ficou numa maca para receber o tratamento. Ele transformou-se em um gatinho bebê e veio para o meu colo novamente. Senti que a infância dele teve questões que o marcaram muito. Falei para esse pequenino, tão carente de colo materno e de proteção, que ele era um fractal do próprio Deus e que se por acaso a maldade humana o alcançasse, durante o seu crescimento ou até mesmo em sua fase adulta, que ele deveria lembrar-se de que era um pedacinho do próprio Deus e que ele tinha força e poder para libertar-se de qualquer questão emocional, física, energética ou espiritual que não fosse luz.

Iniciei o tratamento energético ativando a limpeza e a estabilização emocional, a conexão com seu Eu Superior, a expansão de consciência e a cura biológica. Enquanto os códigos estavam atuando, eu dizia para ele o quanto ele era importante e o quão divino ele era. Ele foi crescendo e tornou-se um gato adulto novamente. Enquanto atuava o código para a expansão de consciência, muita luz divina fez-se sobre ele (luz branca) e expandiu-se a partir dele. Ativei o portal crístico e uma cachoeira de luz branca veio sobre ele e inundou todo o ambiente.

Depois de um tempinho a tutora apareceu lá. Ele tocou o rosto dela com uma das patas e depois voltou a concentrar-se em seu tratamento.

Ativei a cura biológica nele. Externamente ele foi bastante trabalhado na região dos ombros, peito, pescoço e cabeça, e internamente no corpo todo. Muita luz branca, fortíssima, atuou nele.

Pedi ajuda da egrégora para que essas curas a níveis físico, energético, espiritual e emocional se estendessem a todos os fractais da alma dele, todo o aglomerado de consciências. Nesse momento, do corpo dele essa luz expandiu-se e viajou pelo cosmos, dividindo-se em várias direções e ultrapassando fronteiras para além do que a minha mente pôde conceber (provavelmente, outras dimensões).

Depois comecei a ouvir explosões, como se fossem de tempestades no céu, além de raios (isso aconteceu nesses lugares que minha mente não alcançava). Vi muita energia branca vindo deles, como se fosse uma densa e imensa nuvem ou neblina. Os raios continuavam, mostrando para a minha mente que as curas estavam acontecendo nos fractais, até que tudo se tornou branco.

O gatinho tinha muitos fractais de alma, muitos mesmo, em muitas dimensões diferentes, em frequências diferentes, enfim, espalhados pelo cosmos.

Então ativei a limpeza dos campos energéticos interno e externo. Uma luz azul-claro saiu do gatinho e espalhou-se pelo cosmos, formando uma espécie de rede e atuando nos fractais simultaneamente. Ativado o corte de cordões e drenos energéticos para todo o aglomerado, o barulho de explosões voltou (essa era a forma de eu entender que estava acontecendo). Em dado momento, vi muitas estrelas douradas movimentando-se em forma de arco. Quando ativei a expansão da energia de corte de cordões e de drenos energéticos, essas estrelas espalharam-se e uma intensa luz dourada, como se fossem ondas de luz solar, fez-se sobre elas. Tive a sensação de que essas estrelas eram liberações de fractais de alma que de alguma forma estavam presos.

Ativei a requalificação de energia e uma luz muito intensa fez-se sobre ele. Na potencialização da energia, eu, a tutora e mais alguém que eu não vi quem era fazíamos a sustentação da energia dele e ele foi ficando grande e transformando-se em vários felinos: onça-pintada, onça-parda, pantera-negra, tigre e leão.

Na desobstrução do centro cardíaco dele saiu algo parecido com um vírus (sabe o desenho do vírus da Covid-19, que é redondo com pontinhas? Tipo isso, porém todo preto e com pontas fininhas). Isso saiu do peito dele e a tutora direcionou a um lugar alto dentro da câmara, onde fizeram a análise, o tratamento e a desintegração.

Na cura bioenergética foi trabalhada toda a pele dele, como se uma navalha energética estivesse raspando-a. Ativei também a cirurgia energética e senti o campo energético bem pesado, talvez por eu tê-lo ativado a nível de aglomerado de consciências. O código estava bem grande em cima dele, emanando muita energia.

Vi o gatinho como um cachorro magro e branco com as orelhas amarelas. Parecia ter o olho direito fechado devido a maus-tratos ou acidente. O cãozinho recebeu energia durante muito tempo e eu fiquei conversando com ele da mesma forma que havia conversado com o próprio gatinho, de que ele era um fractal de Deus e que tinha poder para libertar-se e superar qualquer coisa emocional, energética e espiritual que afeta o físico. Intencionei que essa energia da cirurgia ficasse ativa por vinte e quatro horas.

A limpeza ambiental mostrou que a energia estava mais calma e mais limpa.

TRATAMENTO ENERGÉTICO DE GATINHO COM ESPOROTRICOSE QUE VIVE NA RUA

Diferentemente do outro gatinho, que fora resgatado para ser tratado, o gatinho Scarface quis continuar morando na rua, conforme comunicação feita por outra terapeuta antes do meu atendimento a ele.

Levei o gatinho para ser tratado na câmara de cura. Quando chegamos lá, ele subiu no meu ombro e ficou olhando tudo ao seu redor. Antes de subir eu já havia avisado que ele seria tratado. Ele pulou para a maca.

Quando o tocaram no chacra cardíaco, eu o vi chorando como se fosse um humano, talvez por estar sendo acolhido naquele momento em suas mais profundas dores, que somente esses seres de luz podem ver (tratava-se de um gato de rua).

Os médicos espirituais operaram-no na cabeça e na nunca. Desta, tiraram um artefato tão grande que eu nem sei como coube ali. Era uma mistura de celular, com controle-remoto e com uma haste (foi como minha mente conseguiu entender). Parecia ser um dispositivo de controle. Na cauda parecia haver alguma coisa que o deixava meio robotizado. Trabalharam essa região também.

O gato tinha um dreno energético gigantesco entre o plexo solar e o chacra umbilical. Ele foi operado, tiraram o dreno, tanto pelas costas como pelo abdômen, e desintegraram o que poderia ainda ter ficado dessa energia dentro dele.

Quando foi ativada a requalificação de energia, colocaram-no de barriga para cima e tocaram o centro cardíaco dele. No lugar do gato eu vi um menino, um adolescente, que chorava muito, parecendo ter dores emocionais muito profundas e muito dolorosas. Os seres de luz mantinham a energização no cardíaco do menino. Algo saiu dali, passou pela garganta e saiu pela boca. Era uma imensidão de energia preta, que jorrou por muito tempo da boca do menino. Quando a energia preta finalmente esvaiu-se, ele adormeceu vencido pela exaustão. Depois tocaram o coronário do menino e uma energia branca e muito luminosa desceu pelo corpo dele. A imagem do menino e do gato intercalavam-se e ambos recebiam essa energia profunda de renovação.

Então o gato também colocou um pouco de energia preta para fora, pela boca, mas foi algo bem rápido e bem menos intenso do que aconteceu com o menino. Parecia que o gato ia vomitar bolas de pelo, mas era essa energia saindo. Essa energia escura foi limpa de dentro para fora, e quando estava na boca demorou para sair completamente. Parecia de que alguma forma o gato estava apegado a isso e logo veio a informação de que ele e a tutora eram semelhantes no apego ao que não serve mais para o momento evolutivo atual deles.

Depois de transcorridos todos esses momentos de cura, vi o gato com muita energia luminosa. Essa energia expandiu-se ao redor dele.

O menino ainda estava dormindo e sendo tratado energeticamente para recuperar suas forças. Tive a impressão de que ele passou por uma situação traumática muito forte e viveu nessa escuridão da alma por muito tempo.

Ativada a desobstrução do centro cardíaco no gato, saiu dali uma energia, que passou pelo cardíaco do menino e seguiu pelo cosmos, em várias direções, algumas formando o que se parecia com os galhos e as raízes de uma árvore.

Na parte superior dessa "árvore" havia muita energia branca e uma espécie de redemoinho que fazia essa energia atuar fortemente. Com o passar do tempo, alguns jatos dessa energia de cima começaram a descer para as raízes da árvore, iluminando, aos poucos, essa parte inferior, até então sem luz. Em dado momento, a energia intensificou-se muito e desceu fortíssima para a parte sombria, até tudo se iluminar por igual e, por fim, tudo se tornar luz, não sendo mais possível distinguir formas.

Considerando que a cura foi intencionada para todo o aglomerado de consciências, talvez a parte superior da árvore fosse os fractais mais iluminados, que se uniram para enviar luz aos que precisavam.

O plexo solar do gato estava muito desequilibrado e eu senti muito enjoo. Esse chacra foi muito trabalhado, visando ao equilíbrio emocional. Uma luz divina muito forte emanou por todo o corpo dele, com os chacras superiores ficando muito iluminados, e a luz desceu pelo corpo. Quando essa luz passou pelo plexo solar eu ouvi uma voz, dizendo:

— Eu te perdoo! Eu te perdoo! Eu deixo você ir. Adeus! Eu vou continuar vivendo. Gratidão. Nossa história termina aqui.

Senti que isso tinha relação com o trauma pelo qual a mistura de gato com o menino passou. Então outra frase veio:

— Gratidão, mãe.

E surgiu a imagem do menino. Tive a sensação de que ou a mãe do menino torturou-o ou ele viu algo horrível acontecendo com a mãe. Mas ele conseguiu liberar perdão e seguir a vida dele.

Na câmara de cura, o menino acordou aterrorizado. Seus olhos pareciam duas bolas negras. Os seres de luz foram acalmando-o.

Aos poucos, a lucidez emocional do menino foi voltando e os olhos começaram a clarear até ficarem normais. Assim ele conseguiu olhar o seu entorno e entendeu onde estava e o que estava acontecendo, pois até então tinha vivido atormentado em seu trauma. Ele relaxou e deitou-se. Parecia uma nova pessoa.

O gato ficou bem, vi-o curado. Ele estava sentado na maca, de olhos fechados, em paz.

Quando ativei a harmonização de ambiente para onde quer que o gato estivesse naquele momento, houve uma explosão de luz branca. Essa luz movimentou-se como nuvens ao redor dele. Uma coluna de luz branca surgiu sobre ele e dele irradiou-se para todo o ambiente, favorecendo quem estivesse perto. Ele tornou-se um gato imenso, com uma força interior muito grande. Vi como se os ferimentos do rosto dele estivessem saltando para fora do corpo dele.

Pensando na medicina germânica, a esporotricose está muito ligada ao conflito de ataque. O menino, que tinha uma ligação muito forte com o gato, foi brutalmente atacado, seja fisicamente, seja com o que presenciou, uma espécie de tortura ou coisa parecida. Mas foi tudo limpo, finalmente!

Na finalização da energização, uma onda circular começou a emanar do gato para todo o ambiente, como ondas de energia.

A tutora esteve ao lado dele durante todo o atendimento.

Passei a mensagem da tutora para ele. Ele não respondeu nada de imediato, mas senti-o muito em paz. Depois, ele disse:

— Tutora, quem sabe ainda nos veremos novamente, se você passar por aqui onde estou.

Pedi aos seres de luz e aos médicos espirituais que o gato continuasse na câmara de cura até o final do tratamento, retornando, após a sua liberação, ao corpo físico, com a devida proteção e o devido aterramento.

Capítulo 14

COMUNICAÇÃO TELEPÁTICA COM UM GATO DESAPARECIDO

Envolvi a consciência do gato Zaz em proteção e subimos até a nave onde trabalho. Quando adentramos, ele transformou-se numa luz branca, esfumaçada, em formato humano. Movimentava os braços para cima e para baixo como se quisesse voar, mas caiu no chão, exausto. Foi socorrido pelos seres de luz, sendo deitado em uma maca para receber tratamento energético.

Ele recebeu uma intensa e fortíssima luz branca, vindo do alto. Conforme melhorou um pouquinho, sentou-se na maca num susto, como se estivesse em constante estado de alerta. Aplicaram nele energia calmante e amorosa e ele deitou-se novamente. Ativei a cirurgia energética nele, a fim de que atuasse no que fosse necessário, tanto no corpo de gato quanto nesse corpo energético.

Uma luz lilás foi aplicada nele para transmutar toda a energia mal qualificada acumulada. Ele ficou bastante tempo angustiado, mas aos poucos acalmou-se e abriu os olhos. Havia um aperto em seu peito e ele chamava pela tutora. Vi-o como uma alma ofegante e cansada, querendo ir até ela de qualquer jeito. Colocaram-no na câmara de cura, onde recebeu energia de diversas cores, como raios lasers que passavam pelo corpo, cor por cor, restaurando tudo. Ele queria muito falar com a tutora.

Depois, vi esse corpo de luz ser elevado no ar e receber mais uma fortíssima luz branca do universo. Quando retornou à maca, o gato Zaz estava no peito dele, com as patas dianteiras sobre ele, como se estivesse acalmando-o ou tratando-o, muito concentrado.

Quando esse corpo energético se sentiu melhor, levantou-se da maca. O gato Zaz estava em seu ombro. Fomos sentar-nos em uma sala, na nave, para conversar.

Perguntei a essa forma energética humana se ele, eu e o gato Zaz éramos a mesma pessoa, mas ele disse que não. O Zaz tomou a palavra e disse que em outra vida esse ser perdeu-o, entrou em desespero e ficou assim. Disse que precisava reencontrá-lo para dizer que estava bem.

O ser energético disse:

— Sim, agora estou bem.

Perguntei ao Zaz quanto tempo ainda ficaria com aquele ser e ele disse:

— Daqui a pouco poderei voltar para casa.

Você está encarnado?

— Sim – disse Zaz.

Como sua tutora pode te encontrar?

— Espere que eu vou voltar – respondeu.

Ela deve continuar te procurando?

— Sim.

Perguntei se ele ouvia quando o chamavam na rua. Ele fez completo silêncio. Parecia estar em frente a uma casa azul muito clara, quase branca; parecia uma pintura de parede com cal, mas não me pareceu ser um indicativo de onde estava.

Perguntei se ele sentia saudade da sua irmã, Matcha, ele disse que sim e demonstrou sentir saudade de brincar. Nesse momento, aquele ser energético com quem Zaz estava foi se desfazendo no ar e levado para outro lugar, mais adequado à continuidade de sua jornada, como se só estivesse ali para ser resgatado.

— Eu vou voltar – disse Zaz. – Continue me procurando. Eu não estou longe. Quando eu me conecto a você só sinto a sua angústia. Preciso voltar a me conectar com o seu amor, é ele que me fará voltar para casa. Quando pensar em mim, pense com todo o amor do mundo, como se eu estivesse ao seu lado, em casa. Mande ondas do seu amor para mim. Eu não sei te dizer quando será nem em que mundo será. Estou andando em mundos paralelos, todos ao mesmo tempo.

Perguntei se o corpo físico dele estava vivo e ele respondeu que sim. Perguntei se ele estava bem.

— Estou assustado, mas talvez com aquela alma resgatada as coisas melhorem agora. É como a sensação de poder relaxar depois de muito nervosismo.

Perguntei se ele sabia onde era a casa dele.

— Eu não sei, mas alguém vai me encontrar.

— O que sua tutora pode fazer além de te mandar amor? – questionei.

E ele mandou esta mensagem para ela:

— Eu sei que é difícil deixar de ver alguém, assim, do nada, mas isso acontece o tempo todo na vida humana e na vida animal. Se eu fosse alguém que morreu repentinamente, você teria que ressignificar a sua vida, sem morrer junto de tanto sofrer. Há separações sem aviso, sem dó nem piedade, como dizem os humanos, mas é preciso aprender a desapegar. Comece a trabalhar isso dentro de você, sem imaginar por que eu disse isso. É uma lição para toda a eternidade. Você viu aquela alma que não desapegou de mim, o estado que ficou? Amar é um dos sentimentos mais nobres da vida, mas amar sem apego é a nobreza da alma mais elevada. Respire. Volte a viver. Volte a amar. Não é errado amar só porque não estou aí. Há outros amores teus que desejam a sua presença real. Entrega a minha alma nas mãos do Criador com todo o seu amor. Eu e você somos d'Ele e não um do outro, por mais que nos amemos, e eu amo muito você. Melhore a sua energia. Recupere a sua paz e volte a emanar amor. Imagine que estou colado ao seu peito. Misturamos o amor que sentimos e ele vira um só. É assim que quero que você se sinta. Harmonize-se. Respire e respire. Volte a sentir a paz no seu peito. Sei que você queria respostas objetivas, mas é uma questão de vibração. Quando foi que tudo começou? Quando foi que as coisas mudaram e por que mudaram, lembra-se? É preciso resolver lá no início, quando eu ainda estava aí. Algo bagunçou tudo. Você saberá o que é. Ressignifique isso. Mude a frequência. Você não olhou para isso antes, mas terá que olhar agora, por nós dois. Eu vou voltar no momento certo. Amplie a busca territorial, mas amplie muito mais a paz dentro de ti. Com amor, Zaz.

Capítulo 15

SÉRIE DE COMUNICAÇÕES COM OUTROS REINOS DA NATUREZA

Coloquei em um copo com água dois galhos de boldo e preparei-me para a comunicação. Primeiro, apliquei energia em mim mesma e logo percebi que ela já estava muito forte (geralmente só acontecia depois de 10 minutos de aplicação). Na época eu não sabia se a planta podia receber energia, então, aproveitando a intensidade da minha energia, apliquei amor nela e conectei nossos cardíacos.

Depois de alguns minutos percebi que um dos galhos tremia levemente e o outro não. Achei que estava enviando energia demais para eles. Parei e pedi desculpas. O galho que tremia continuou nesse movimento, então tranquei a respiração para ver se ele parava, mas ele não parou.

Coloquei o copo no chão e ele parou. Peguei-o de volta e coloquei-o novamente sobre o caderno que estava no meu colo. O tremor da planta voltou. Comecei a sentir com mais evidência as batidas do meu coração e percebi que havia ligação dele com a planta. Segurando meu pulso, vi que a cada batida do meu coração a planta movia-se em correspondência (o que eu chamei inicialmente de tremor). Fiquei impressionada com o que estava acontecendo. Recebi um chamado para comunicar-me com esse galho em especial.

Senti muita energia em meu pé direito, que eu havia batido na segunda-feira. Ativei o código de elevação para nós, fiz o convite e pedi autorização ao Eu Superior da planta. Subimos. Quando chegamos ao lugar sagrado, pedi para ele mostrar-se para mim como ele realmente era, sem se preocupar em me agradar, que eu o aceitaria da maneira que ele fosse.

Olhando ao redor eu percebi que estava no sítio que pertenceu a um casal de amigos. Eu amava aquele lugar. Apareceram vários homens negros, de várias idades, batendo tambor com suas baquetas. Eles usavam roupas claras da cintura para baixo, que pareciam ser de algodão natural. No meio deles surgiu uma mulher, também negra, de cabelos curtos, com roupa só dá cintura para baixo. Ela veio falar comigo, mas não me lembro do que disse. Era muito agitada. Transformou-se em energia escura em volta de uma árvore, na qual se enrolou como uma cobra, e depois subiu em direção ao céu, parecendo um lagarto ou um crocodilo.

Do céu desceu uma luz branca muito forte e dela saiu outra mulher, mulata, linda, cabelos bem armados (como a juba de um leão, porém armado para cima também; não sei explicar direito). Ela era mulher da cintura para cima, sem roupas, e pareceu-me ser uma sereia da cintura para baixo, mas era uma árvore. Apresentei-me e perguntei se ela era o Eu Superior do galho de boldo. Ela respondeu que sim, sorrindo e abrindo o braço direito na lateral do corpo, levando-o para frente e emanando energia com pontos de luz. Então disse:

— As plantas têm sentimentos. São seres sensíveis e têm muita sabedoria. Os humanos perdem a oportunidade de evoluir com elas. Não as ouvem. Têm-nas apenas como objetos, mas somos muito mais do que isso. Juntas, todas as plantas formam uma egrégora verde de cura, paz e amor. Você já sabe disso, é da terra, do mato, do natural. Eu sei que você quer mais, e terá. Dê tempo para as coisas acontecerem e pode ser uma experiência muito maior do que você imagina. Você pode transformar qualquer lugar num centro de luz quando tem as plantas certas. Assim como os humanos, as plantas também têm níveis evolutivos e missões diferentes. Conecte-se àquelas que te ajudarão em seu processo: boldo, tomilho, tomate, rúcula, alface, feijão, chuchu, maracujá, alcachofra, aipim, alecrim, babosa, mirra, centeio, trigo e tantas outras. As plantas espinhentas ainda estão aprendendo a se relacionar, assim como a sua gata Agatha. Todas as flores embelezarão a sua alma, cada uma com seu espectral de amor. As mandalas que você vê (de plantas), comece a desenhá-las, são presentes para você.

Vi os olhos desse ser de perto. Eram verde-escuro e não tinham pupila.

— Cada movimento que a planta faz traz equilíbrio para o planeta. A dança das flores, o seu balé, são a arte no mundo verde. Você ama seu pé de chuchu, não é mesmo? Quando você deu amor e nutrição a ele e, assim, uma segunda chance, ele te honrou e hoje está vibrando amor, cura e nutrição para você. Sobre a sua árvore das flores amarelas, você quer venerá-las como faz há três anos, mas não consegue. Não se culpe. A admiração é mútua.

Percebi que o galho de boldo continuava respondendo aos meus batimentos cardíacos e que algumas folhas apontavam para cima (estavam para o lado no início).

— Como posso te chamar, pode ser luz? – perguntei.

— Chame como quiser – respondeu.

Ela acenou que sim com a cabeça. Então desceu uma luz branca muito forte sobre ela e, passando por ela, irradiou por raízes, que se espalharam por toda parte.

Eu perguntei se a comunicação estava acontecendo naquele sítio porque era um lugar que eu conhecia e ela disse que sim. Também questionei por qual motivo ela tinha se apresentado metade mulher e metade árvore, e ela respondeu:

— A natureza é feminina – e sorrimos com isso.

Ela pegou uma folha de uma planta e começou a esfregar na minha testa. Eu percebi a folha movendo-se igual a um limpador de para-brisa. Ficou fazendo isso por um tempo e aos poucos foram abrindo telas nesse desenho que a folha fazia (quase um triângulo, ou um cone de cabeça para baixo, que se dividiu em quatro telas). Cada tela mostrava um filme de situação, lugar, pessoas, realidades diferentes. Não entrei em nenhum desses filmes. Quando me dei conta dos filmes, ela parou o que fazia e disse:

— Minha pequena xamã – e sorriu.

Eu olhei para o centro do sítio e vi índios surgindo por toda a parte, até dentro da mata, que era nativa. Simultaneamente, eles começaram a tocar tambores, a bater o pé no chão e a cantar a mesma canção. Senti que me honravam. Senti também que se abriu um canal para a curadora em mim. Agradeci e honrei a todos eles.

Quando terminei de escrever isto eu voltei para a cena, mas tudo foi desaparecendo, e eu chamei a Luz. Ela disse:

— Você está pronta – e, sorrindo, foi se distanciando até sumir.

COMUNICAÇÃO COM A BOLACHA DO MAR

Estabelecida a comunicação com o Eu Superior da bolacha do mar, ela mostrou-se como uma flor de luz na praia, vagando pelo ar e deslocando-se muito rapidamente de um lado para o outro.

— O que você quer? – perguntou a bolacha do mar.

— Quero saber se ainda vives – respondi.

— Não. Já desliguei do corpo em decomposição.

— Você é essa luz da praia?

— Sou. Há muitos seres de luz voando na praia. Todos que desencarnam aqui transformam-se nesses pontos de luz, que auxiliam outros seres em desligamento.

— Vi muitos e muitos pontos de luz voando na faixa de areia, a perder de vista em ambas direções. Saber que a praia é habitada assim é muito lindo!

Perguntei porque ela tinha uma espécie de estrela ou flor desenhada em seu invólucro físico.

— Conexão com as estrelas e com a beleza da flor.

— O que você pode me dizer sobre sua espécie e sobre você? – indaguei.

— Sinto e me relaciono como você (referindo-se aos humanos). A diferença é que nos relacionamos bem com todos, mesmo que sejam de outros reinos. Aqui na praia auxiliamos a todos a voltarem a ser luz.

— Até os humanos?

— Se for o caso, sim.

Perguntei como era a morte para ela.

— Transição. As estrelas, vivas ou não, são luz do céu, e nós, desencarnadas ou não, somos luz da praia. Conectamo-nos com a luz uns dos outros, assim não nos perdemos, não nos desligamos do amor. Somos uma rede de luz, luzes vivas, e essa malha de luz que formamos vai até o alto-mar.

Olhei para o mar e vi essa malha de luzes pairando sobre a água, formada pela ligação desses seres. Mas não vi só isso. Vi Jesus ali! Ele disse:

— Vinde a mim todos que estão cansados e sobrecarregados. Eu lhes mostrarei o mar, a luz e o amor que desconheceis.

Depois disso, eu apaguei.

Almas que me leem, há vida em tudo o que existe, até na areia debaixo dos seus pés. Respeitemos mais tudo o que há.

COMUNICAÇÃO COM UMA PEDRA DE RIO

Abril de 2022. Dias e meses apreensivos seguiam-se, pois meu pai aguardava decisão médica sobre fazer ou não uma cirurgia no coração. Num desses dias, fiz um passeio em busca de uma pedra em formato de coração com uma faixa de cristal claro na vertical, que tinha visto numa meditação. Decidi procurar num rio de uma cidade próxima, onde eu sabia que tinha chances de encontrá-la.

Achei uma pedra com as mesmas cores e com a faixa de cristal que havia visualizado, mas ela não tinha formato de coração. Encontrei outra, esta sim, em formato de coração, que pesava 4kg, mas que não tinha a faixa de cristal; porém, por algum motivo, cativou-me. Concentrei-me para sentir se deveria levá-la para casa, ainda que temporariamente.

Ao tocá-la, percebi que seu lado esquerdo era fundo e que havia uma pequena parte cheia de cristais de quartzo branco, um detalhe lindo, mas que me trouxe desconforto, como se nesse lado do coração estivesse faltando algo. Acariciei seu lado direito, que era bem mais alto do que o esquerdo, e percebi a diferença da robustez/rigidez/excesso do lado direito e da delicadeza/profundidade/falta do lado esquerdo. Deparei-me com o imperfeito. O medo tomou conta de mim. Fiz mil perguntas: medo de quê? Da morte? Morte de quem? Do corpo físico? Do ego?

Decidi não continuar nesse processo e levei a pedra para casa a fim de me comunicar com ela, com o compromisso de decidirmos, juntas, se ela voltaria para o rio ou se ficaria comigo. Tudo isso ocorreu pela manhã. À noite estabeleci a comunicação com ela. Toquei-a inúmeras vezes, observei-a muito, e decidi me comunicar com a parte dela que já havia se transformado em cristais.

Estabelecida a comunicação, vi uma espécie de cidade ou lugarejo com muitas pirâmides, que pareciam espelhadas, pois refletiam uma luz prateada. Tudo isso existia dentro daquela parte da pedra cheia de cristais. No horizonte eu vi um gigante olho azul espiando tudo e um dedo muito sem noção passando por tudo (senti-me um gigante inconveniente fazendo esses movimentos).

Ouvi uma voz naquele ambiente, que disse:

— Bem-vinda, Mônica.

Agradeci com as mãos em gashô na testa e quando as retirei senti que no meu terceiro olho havia uma pequena pirâmide de luz. E a voz continuou:

— Você é uma de nós. Sempre foi. Sua essência é a nossa essência, seu amor é o nosso amor. Gratidão pelo respeito.

Perguntei por que tinham me chamado ao rio (através da pedra) e ouvi a seguinte resposta:

— Precisamos te contar algumas coisas. A pirâmide que brilha em sua testa só brilha porque houve mútuo reconhecimento. Os cristais estão em você. Você é feita de cristais.

— Iguais aos seus? – questionei, e a resposta foi:

— Sim.

Indaguei por qual motivo não tinha encontrado o coração com a faixa de cristal que eu havia visualizado e me responderam:

— Você não está pronta e você sabe disso.

Quis saber, então, o que eu deveria fazer para ficar pronta.

— Você sabe. Desapegar-se. Desapegue-se de tudo o que você sabe, ou acha que sabe. Vai doer menos.

— Como faço para me desapegar?

Eis que a voz respondeu:

— Corte as raízes das suas crenças e das suas verdades. A verdade ainda está por vir. Esteja aberta. Você sabe que tudo vai mudar para todos e acha que está pronta, mas não está. Ouça mais a sua intuição, não direcione as coisas. Não controle, porque é incontrolável, no seu mundo, a Grande Verdade [da vida].

Então eu disse:

— Sou tão dura quanto uma rocha e tão enraizada quanto uma árvore. Não sei ser diferente. Dá medo.

E ela respondeu:

— A rocha é dura fisicamente, na 3D, e por isso leva milhões de anos para mudar para outra espécie, mas a alma da rocha é bela. Não se engane pelas aparências. Os cristais que você vê agora como pirâmides brilhantes são a evolução da consciência das rochas. Elas mudaram tanto que elas ficaram lindas. Às vezes, externamente olhando, nada acontece, mas a alma, além de multidimensional, é divinamente conectada e aberta a todas as experiências. Sentiu dor. Chorou. Quebrou. Rolou. Bateu. Tudo o que aconteceu com o físico mudou, forjou a essência delas.

E continuou:

— Você sentiu medo, hoje à tarde, quando percebeu a imperfeição do coração de pedra com cristais. Por que o medo te dominou? Você sabe que a consciência é eterna e sabe que o material está de acordo com o que precisa passar para evoluir. Você sabe que a consciência é imortal e que evolui a cada experiência, mas teme tudo o que não controla, teme que morram partes suas velhas conhecidas, porque se acostumou com elas. Aquilo com o qual se acostuma não mais te evolui. É preciso abrir-se para o novo e o novo vem através de novas vivências do corpo e da alma, pois tudo modifica e expande a consciência. Se os acontecimentos te fazem evoluir, por que está aí, com o coração apertado? Não foi coincidência você visualizar determinada pedra e não a encontrar, enquanto outras pedras parecidas chamaram sua atenção. No rio você entendeu que é importante aproveitar o processo, mesmo não tendo alcançado, ainda, o objetivo, pois muita beleza há em tudo ao seu redor. Você percebeu quantos insights ocorreram quando você parou de controlar tudo? Você não encontrará a pedra que você visualizou, pois há muita carga para jogar fora antes de esse encontro acontecer.

Perguntei como fazer para desapegar se isso me causava medo – medo de sofrer, medo de morrer. Será apenas o meu ego ou eventos passados vindos à tona? O medo de perder aqueles que amo eu sei que é apego e nem consigo pensar em perdê-los, mas também tenho medo da dor, de sucumbir. Nesse dia o tema era o medo, sem dúvida. Então pedi ajuda, pois estava bem forte esse sentimento. A conversa continuou:

— Pegue a pedra. Você está encantada por ela. Sabe por quantos processos ela já passou? Veja a beleza dela. Veja nós dois conversando. Veja as pirâmides brilhando dentro dela. Não adiantaria nada ela temer, pois as coisas aconteceriam do mesmo jeito. Entende?

— Racionalmente eu entendo, mas apenas racionalmente, se é que entendo de fato. Mas é tenso falar sobre isso porque penso nas perdas dos seres que amo e que são tão importantes para mim. Meu coração dói. Desculpe. Tem um processo de cura começando aqui. Estou com vontade de chorar [igual criancinha?]. Eu queria ser mais evoluída. Eu sei que não se perde ninguém, mas o enraizamento é grande.

— Pegue a pedra. Olhe-a por alguns minutos novamente. Sinta-a.

Enquanto eu observava a pedra, fazia-me vários questionamentos. Eu estava vivenciando um luto na minha família multiespécie. Além disso, eu tinha um pouco de medo das ideias que estavam vindo à minha mente, um tanto inovadoras para uma pessoa em sua zona de conforto.

— Muitas partes de mim foram-se, como você pode observar. Se essas partes não tivessem partido eu não seria quem eu sou hoje: essa pedra que você tanto admira e essa consciência que vos fala. Não tema as perdas. Os desligamentos são necessários para as partes envolvidas evoluírem. Você sabe que todos nos encontramos novamente na luz divina da Fonte, que é o nosso objetivo final [voltar à casa do Pai]. Os desligamentos são de todos os tipos: humanos, animais, materiais, espirituais, emocionais e energéticos. Cada ser ou item que você "perde" te modifica infinitamente e a sabedoria que decorre disso vem rápido quando se está aberto a esse entendimento pontual. É isso por hoje.

COMUNICAÇÃO COM UM CRISTAL DO CAMPO

Em abril de 2017, passei um final de semana em uma propriedade rural. No lugar há uma espetacular mata nativa de araucárias. Amo essas árvores. Durante a tarde, levei minhas cachorrinhas para correrem na estrada interna dessa propriedade. Eu amo olhar as árvores, todas as plantas aparentemente comuns, as flores, o formato das pedras, suas cores e particularidades.

Observando as pedras, vi algumas brilhando contra o sol e fui ver mais de perto. Para minha surpresa eram pequenos cristais, claros, opacos, de um branco translúcido. Juntei várias delas, sentindo-me a pessoa mais sortuda do mundo. Ia levar todas. Em dado momento, dei-me conta de que não haveria um lugar tão incrível assim para elas no meu apartamento. Ali elas eram espetaculares aos meus olhos, mas na minha casa elas talvez não tivessem a devida atenção que mereciam. Devolvi-as à terra e fiquei apenas com uma.

A ponta dessa pedra tinha seis faces lapidadas, com cerca de 1cm de comprimento e a parte inferior era bruta, com o dobro da extensão da parte de cima. Confesso que esse cristal se transformou em um mistério para mim devido a sua parte lapidada. Fiquei pensando se alguma máquina teria passado por ali e feito isso acidentalmente ou se alguém a teria jogado fora naquele lugar, mas confesso que nenhuma das alternativas convenceu-me.

No final da tarde resolvi tomar uma taça de vinho na varanda. Olhava aquela mata de araucárias, tudo foi se tornando diferente para mim. Eu sentia que já tinha estado ali antes, não naquela casa, mas naquela região, em outros tempos. Sentia-me una com a energia daquele lugar. Até o vento frio no meu rosto era-me familiar de modo diferente.

Nessa noite eu tive um sonho. Uma mulher da nossa época atual encontrou-se comigo. Ela era advogada e parecia ter origem indígena. Lembro-me de que ela me agradeceu pelo respeito que eu tinha por aquele lugar que, para mim, era tão especial e sagrado. Lembro-me também de que fiquei muito emocionada porque ela havia organizado uma festa na cidade em minha homenagem. As ruas tinham sido decoradas com longas fitas, algumas vermelhas, outras verdes e outras brancas.

Eu nem entendi direito o porquê daquilo tudo, mas acredito que tenha sido porque devolvi quase todas as pedras ao seu local de origem, pelo amor e pela conexão que tenho com as araucárias e pela conexão espiritual tão forte com aquele lugar, algo tão profundo que tenho vontade de voltar lá agora mesmo. Esse final de semana marcou muito a minha alma.

Às vezes, não temos consciência do quanto um gesto de amor com a natureza é significativo nos planos físico e no espiritual. Eu amo aquele lugar com todo o amor da minha alma, mas nunca mais voltei. Eu até tentei voltar com um grupo de amigos, mas como terminei o namoro e a casa era do amigo dele, eu não era mais bem-vinda ali. A conexão espiritual com o lugar, no entanto, ainda toca forte o meu coração e muito me emociona.

Março de 2023. Seis anos tinham se passado. Eu estava na minha casa, voltando do jardim, e quando entrei na garagem quase pisei em algo. Quando peguei o objeto na mão quase não acreditei que era esse cristal. Não sei como ele foi parar ali, cheio de terra. Provavelmente, esqueci de resgatá-lo da última vez que coloquei meus cristais no jardim para serem banhados pela chuva ou pela lua cheia.

Decidi escrever este capítulo por causa desse incidente. Nem sei há quanto eu não olhava para ele como olhei nesse momento. Esse cristal é muito especial, só de falar nele sinto uma energia tomar conta de mim. Achei que ele tinha uma mensagem para mim, então fiz uma comunicação com ele.

Olhei inúmeras vezes todas as faces do cristal, até que me conectei com umas delas. Parecia ter alguém ali dentro, uma espécie de guru. Meu chacra cardíaco começou a ficar esquisito logo de início, mas eu sabia que a forma estranha como o cristal apareceu para mim era um sinal de mensagem para mim.

A pequena parte do cristal que parecia ser a região cardíaca do guru estava muito iluminada. Eu sentia nossos cardíacos conectados.

Eu disse meu nome energético para ele e ele respondeu:

— Eu sei quem você é.

Perguntei por que ele quis se comunicar comigo e ele disse que tinha uma mensagem.

Eu queria saber o nome dele, mas ele simplesmente falou:

— Não importa. Você não saberia pronunciar, pois é um som desconhecido. Mônica, sua vida está prestes a mudar, esteja aberta para o novo. Você deve ser mais flexível para ter sucesso. Eu estarei te apoiando, assim como todo o meu Universo estará. Não tenha receio. Sobre o seu cardíaco, acostume-se ao desconforto de não saber o próximo passo. O incerto, o incontrolável, é a vida real.

Fiquei prestando atenção na minha sensação de desconforto e, aos poucos, ela foi diminuindo. Não é tão ruim assim, pensei comigo. Então ele continuou:

— Você tem muitas perguntas. Todas as respostas virão no tempo certo. Eu te chamei para falar e te ensinar a viver o desconforto, a desconstrução de forma natural, como fazendo parte da rotina de uma vida que evolui sempre. Não tema, repito. Está tudo certo, mesmo que pense que não. As pessoas certas vão surgir e te guiar no que você precisar. A missão terá andamento. Tenha calma e paciência. Peça sempre ajuda e orientação aos seus guias e mentores. Eles te mostrarão o próximo passo.

— Sim, era para você encontrar o cristal, pois você o valorizaria. Outros nem os veem. Você consegue ver valor onde quase ninguém vê, pois olham com os olhos da matéria e não do espírito. O desconforto passou, não é? Pode ser que vá e volte, mas não te fará mal. Há, sim, questões emocionais aí, no seu coração, ainda, para serem limpas. Sabendo do desconforto será mais fácil chegar lá.

Perguntei como eu poderia saber se o desconforto não era coisa da minha cabeça, já que horas antes uma amiga havia me falado sobre isso, sobre aceitar o desconforto de ser amada. Ele, então, respondeu:

— E você pensa que isso chegou até você por acaso? Sabemos da ligação de vocês. Quantas amigas já te trouxeram palavras que você tanto precisava ouvir para sair de onde estava? Você coleciona "coincidências", mas sabe, ao mesmo tempo, por intermédio de uma delas, a propósito, que sempre mandamos alguém para te ajudar. Você é muito importante para nós. Tem a sua função, o seu papel no coletivo que precisa acontecer. Não se envergonhe disso. Todos os seres, humanos, animais, vegetais e minerais têm suas funções na Terra. Quem já descobriu a sua e trabalha por ela terá sempre o nosso apoio na jornada. Você já tem conseguido se olhar como um ser especial. Isso é bom. Finalmente aconteceu. Todos deveriam ter essa consciência, entregando-se ao processo espiritual e de autoconhecimento com dedicação. Você me vê como guru, mas sou um ser estelar. Encontrei a forma mais apropriada para me comunicar com você. O seu coração é um grande templo.

Em poucos instantes vi-me dentro do cristal, bem abaixo da pirâmide de seis lados (seis triângulos). Uma coluna de luz branca entrou pelo topo da pirâmide e alcançou o meu chacra coronário. Eu não conseguia mais abrir os olhos nem me mover. Fiquei ali, recebendo aquela energia forte e, ao mesmo tempo, calmante e curativa.

O "guru" tinha olhos orientais. Eu o via como um samurai antigo, com vestimentas beges, como um andarilho. Ele disse:

— Entende agora por que você pode se permitir sentir desconforto? Sempre haverá uma energia superior pronta para cuidar de você. Se quiser, carregue esse cristal com você, e diante de situações desconfortáveis peça ajuda sempre que quiser ou precisar. É tudo muito simples.

— E como eu me conecto a você? – perguntei.

— Da mesma forma que você fez hoje, me vendo no cristal.

— Quem é você e por que você tem essa aparência oriental?

— Uma pessoa amiga, talvez você precise de um guia assim agora.

Um samurai para enfrentar os desconfortos, faz sentido. Ele sorriu.

Pedi para ele ficar mais um pouquinho comigo. Não sei o porquê, mas eu não queria me despedir dele. Senti certo apego. Era como se eu fosse ficar sozinha novamente, sem esse grande amigo de longa data, se ele fosse embora. Ele ficou ao meu lado, quieto, ouvindo-me.

Fiquei divagando sobre minha pouca conexão com o Oriente, mas, de repente, lembrei-me de Kuan Yin. Ele apenas sinalizou, concordando e sorrindo. Fiquei feliz por isso.

Aos poucos a imagem dele foi sumindo e a comunicação foi encerrada.

A espiritualidade procura chamar nossa atenção de várias formas. Se o cristal não tivesse ido parar na minha garagem eu não teria vivenciado nada disso. Aos poucos tenho prestado mais atenção aos sinais. E você, tem visto os seus?

CONCLUSÃO

Crescemos aprendendo que pedras são seres sem consciência, que animais são irracionais, que plantas são apenas plantas e que o único ser realmente consciente, inteligente e com alma que existe é o humano. Essa é uma forma bem antiga de olhar para a vida, resultado de uma época em que o conhecimento era restrito e secreto para facilitar a dominação e a escravização. Quando descobrimos que é possível a comunicação com diversos seres e que eles são tão divinos quanto nós expandimos a consciência e passamos a vivenciar muito mais amor incondicional em nossas vidas.

Somos seres em constante evolução. Às vezes, crescemos muito; outras, estagnamos em algum ponto crítico. Quando contei a história de Dominique, que é na verdade a minha própria história, eu precisei de coragem para mostrar as minhas sombras, mas também pude mostrar a você a minha luz. Eu te desejo a mesma coragem para olhar para as suas.

Cada pessoa só salva a si mesma, mas quando isso acontece transformamos o mundo ao nosso redor e beneficiamos todos os seres que interagem conosco. Você é muito importante para este planeta e mesmo quando se perder e errar, continue a caminhar, sempre em frente. Todos nós, sem exceção, passamos por processos evolutivos. O fato de um de nós estar feliz e o outro triste não significa que a felicidade nunca chegará para ambos ou que momentos tristes não voltarão. Não acredite em vidas perfeitas, elas não existem, mas todas as jornadas são lindas, e eu fico feliz e honrada em caminhar com você rumo à Nova Terra.

Desejo a você milhares de curas! Quero ver você emanando todo o amor incondicional que existe no seu coração e que você talvez insista em esconder por medo de ser ferido. Não existe mágica, existe determinação e vontade de ser melhor e mais feliz. Se você leu este livro é porque a semente está brotando em você ou quem sabe a flor já abriu.

Os animais são seres divinos que vieram a este planeta para emanar sua luz e ensinar-nos a amar como jamais imaginaríamos ser possível. Animais não estão aqui para sofrerem as piores dores do corpo e da alma nas fazendas, nas indústrias, nos laboratórios, nas fábricas, nos zoológicos, nas ruas e nos lares; nem mesmo em seu habitat natural. Precisamos repensar nossa relação com os animais da nossa casa, assim como na escolha do material de nossas vestes, sapatos, bolsas, móveis, veículos e nos produtos em geral, na nossa alimentação, na forma como fazemos turismo e em tudo que envolve uma vida de sofrimento aos animais. Não podemos mais fingir que não estamos vendo, porque nós vemos sim, mas temos preguiça de mudar nossos hábitos e por isso os animais continuam sofrendo.

Para saber se eles sofrem pergunte a si mesmo se você estaria feliz em ser obrigado a passar todas as horas do seu dia sendo submetido a coisas que lhe causem constante incômodo e dor, física e emocional. Ninguém mais pode alegar ignorância, pois está tudo sendo exposto, e isso aumenta a nossa responsabilidade em tornar este planeta um lugar melhor para todas as espécies viverem e serem felizes.

Não foque no que você vê de ruim nem use isso como motivo para não fazer nada. Não se sinta pequeno e sem força diante das maldades do mundo porque isso não é verdade. Foque naquilo que você pode fazer para as coisas melhorarem. Quando cada um fizer o que pode, muito terá sido feito. A sua consciência é o seu guia e será exemplo para muitas pessoas ainda não despertas, mesmo que você aja em silêncio. Eu vejo tanta força em você! Nós estamos juntos neste livro porque somos todos um!

Nos lares, quando um animal novo chega, isso não acontece ao acaso. Ele é escolhido ou atraído por ressonância para aquela família humana. Olhe para os problemas comportamentais e de saúde dos seus animais e descobrirá os da sua família, pois os problemas deles são potencializados pelas questões conscientes ou inconscientes de seus tutores. A velocidade em que uma cura acontece está totalmente vinculada ao ambiente e a tudo o que existe nesse sistema familiar.

Hoje eu entendo que não cabe a mim salvar ninguém, mas posso dar a cada ser um pouco do que sei e do que sou, a fim de que se tornem mais leves os seus dias. Cada animalzinho que passou pela minha vida transformou-me um pouco; alguns transformaram-me muito. A todos esses mestres, mentores e protetores encarnados como animais deixo aqui registrada minha infinita gratidão por serem quem são e como são.

Desejo, com toda a força da minha alma, que todos os dias da minha existência, em qualquer dimensão, em qualquer época e em qualquer espécie que eu venha a encarnar, seja para auxiliar outras consciências a expandirem-se, assim como eu sou auxiliada.

Saiba, por fim, que este livro não é uma verdade absoluta, pois a verdade muda todos os dias. Conforme vamos abrindo nossa mente para as infinitas possibilidades, sem preconceitos, a espiritualidade mostra essas novas realidades, mas isso para quem está disposto a saber, a interagir e a colocar-se à disposição para crescer e servir.

A partir de agora você terá novas vivências com os animais, assim como eu também. Talvez no próximo livro eu traga novidades espirituais, ou não. O futuro depende de cada um, inclusive de você sentir-se feliz e grato por esta obra ter sido publicada. Assim, eu saberei se você quer saber mais.